Impressum
Verlag: BABADADA GmbH, Nedderfeld 112 , 22529 Hamburg
Geschäftsführer / Verlagsleitung: Harald Hof
Druck: Books on Demand GmbH, In de Tarpen 42, 22848 Norderstedt

Imprint
Publisher: BABADADA GmbH, Nedderfeld 112 , 22529 Hamburg, Germany
Managing Director / Publishing direction: Harald Hof
Print: Books on Demand GmbH, In de Tarpen 42, 22848 Norderstedt

l'école

xue xiao

la salle de classe
jiao shi

diviser
chu

186/2

le tableau noir
hei ban

la cour (de récréation)
xiao yuan

le professeur
lao shi

le papier
zhi

écrire
shu xie

le stylo
gang bi

le bureau
ban gong zhuo

la règle
zhi chi

le livre
shu

l'élève
xue sheng

le cartable
shu bao

la trousse
qian bi he

le crayon
qian bi

le taille-crayon
juan bi dao

la gomme
xiang pi ca

le carnet à dessin
hua ban

le dessin

tu hua

le pinceau

hua bi

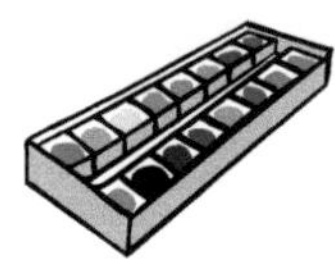

la boîte de peinture

yan liao he

les ciseaux

jian dao

la colle

jiao shui

le cahier d'exercices

lian xi ce

les devoirs

jia ting zuo ye

le chiffre

shu zi

additionner

jia

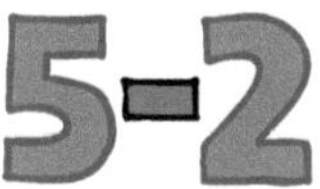

soustraire

jian

multiplier

cheng

calculer

ji suan

la lettre

zi mu

ABCDEFG
HIJKLMN
OPQRSTU
VWXYZ

l'alphabet

zi mu biao

le mot

zi

le texte
ke wen

lire
du

la craie
fen bi

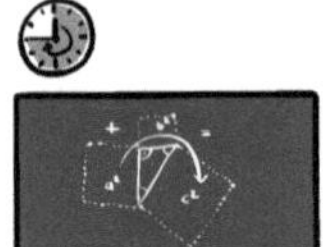
la leçon
shang ke

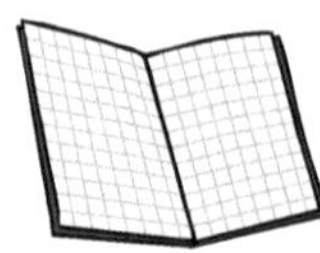
le livre de classe
deng ji

l'examen
kao shi

le certificat
zheng shu

l'uniforme scolaire
xiao fu

la formation
jiao yu

le lexique
bai ke quan shu

l'université
da xue

le microscope
xian wei jing

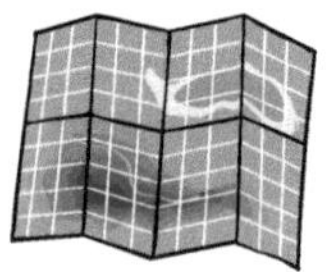
la carte
di tu

la corbeille à papier
fei zhi kuang

le voyage
lü xing

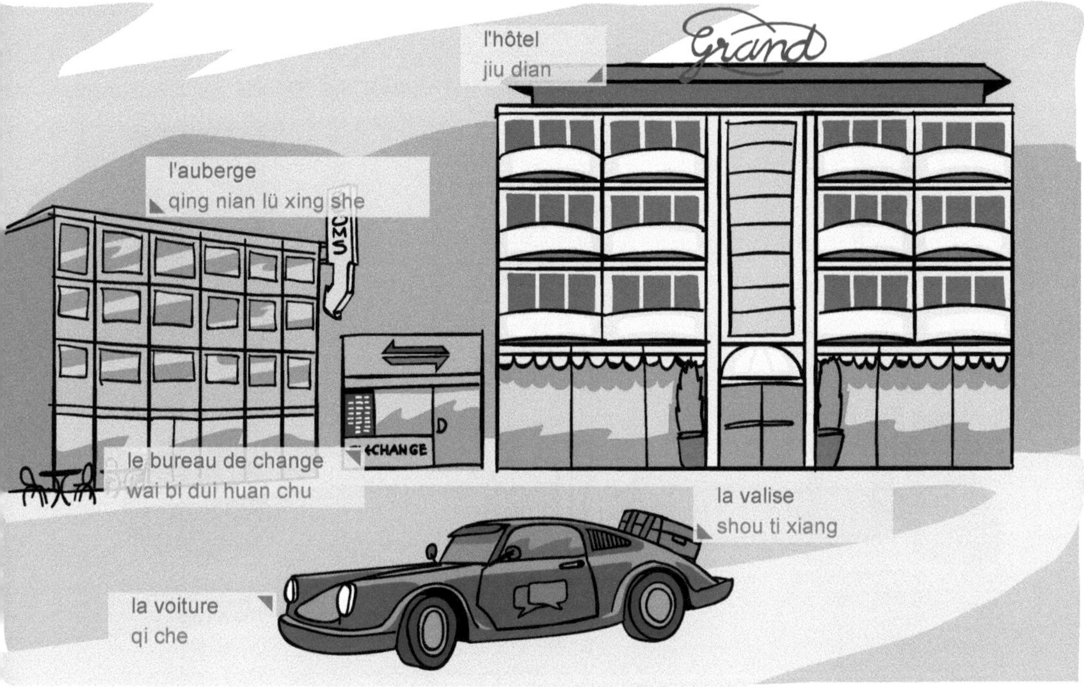

l'hôtel
jiu dian
Grand
l'auberge
qing nian lü xing she
le bureau de change
wai bi dui huan chu
la valise
shou ti xiang
la voiture
qi che

la langue

yu yan

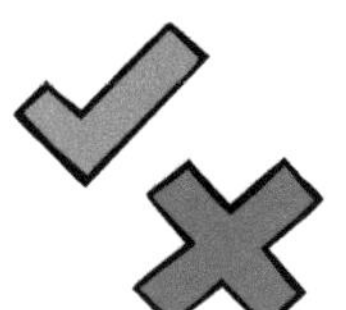

oui / non

shi/fou

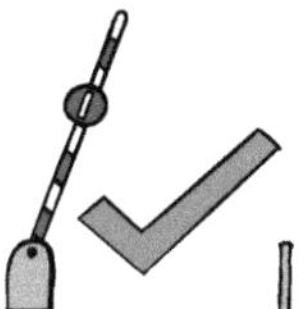

d'accord

hao de

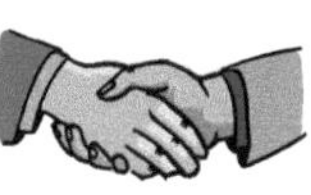

Salut

nin hao

l'interprète

fan yi yuan

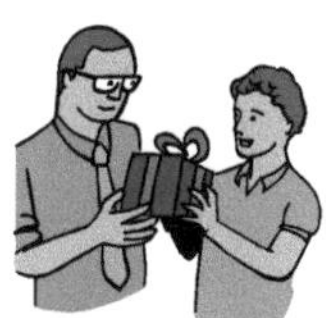

merci

xie xie

Combien coûte...?

......duo shao qian?

Je ne comprends pas

wo bu ming bai

le problème

wen ti

Bonsoir !

wan shang hao!

Bonjour !

zao shang hao!

Bonne nuit !

wan an!

Au revoir

zai jian

la direction

fang xiang

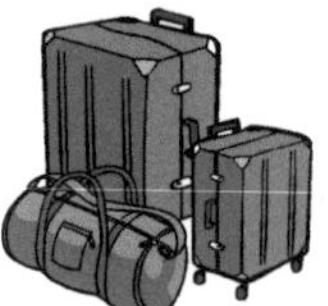

les bagages

xing li

le sac

bao

le sac-à-dos

shuang jian bao

l'hôte

ke ren

la pièce

fang jian

le sac de couchage

shui dai

la tente

zhang peng

l'office de tourisme

lü you xin xi

la plage

hai tan

la carte de crédit

xin yong ka

le petit-déjeuner

zao can

le déjeuner

wu can

le dîner

wan can

le billet

piao

l'ascenseur

dian ti

le timbre

you piao

la frontière

bian jie

la douane

hai guan

l'ambassade

da shi guan

le visa

qian zheng

le passeport

hu zhao

le transport
jiao tong yun shu

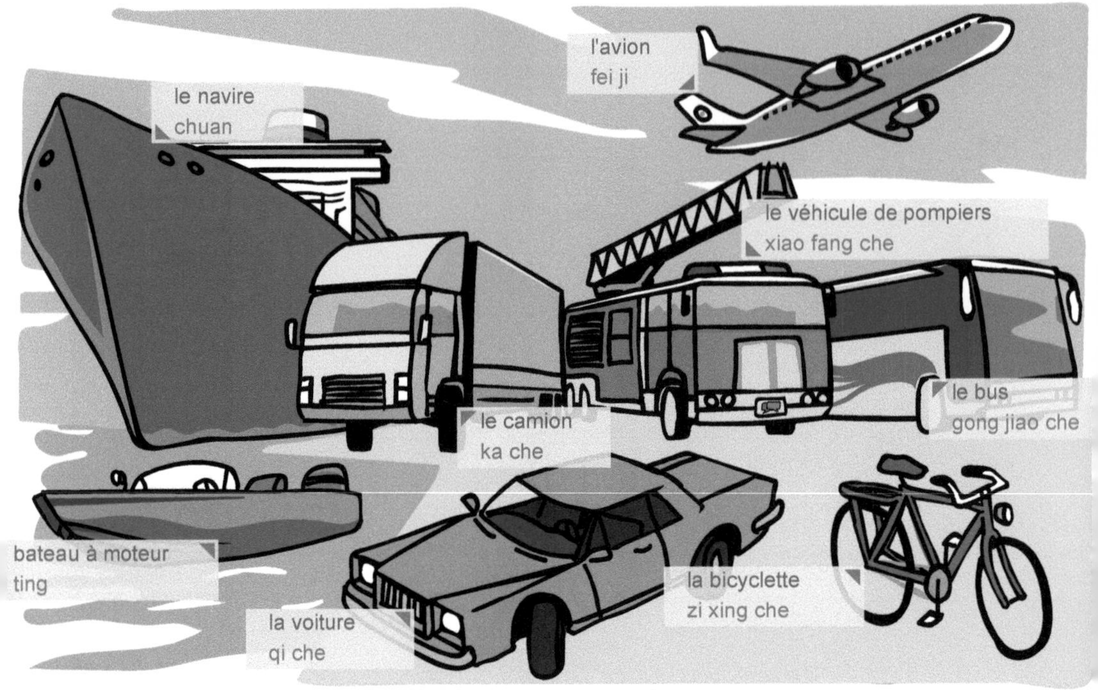

l'avion
fei ji

le navire
chuan

le véhicule de pompiers
xiao fang che

le camion
ka che

le bus
gong jiao che

bateau à moteur
ting

la voiture
qi che

la bicyclette
zi xing che

le ferry
bai du chuan

la barque
xiao chuan

la moto
mo tuo che

la voiture de police
jing che

la voiture de course
sai che

la voiture de location
zu che

l'auto-partage

pin che

la voiture de remorquage

tuo che

la benne à ordures

la ji che

le moteur

fa dong ji

l'essence

qi you

la station d'essence

jia you zhan

le panneau indicateur

jiao tong biao zhi

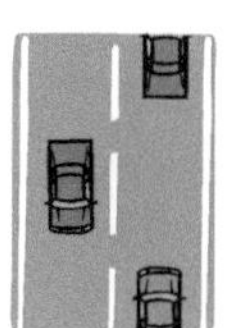

le trafic

jiao tong

l'embouteillage

jiao tong du sai

le parking

ting che chang

la gare

huo che zhan

les rails

gui dao

le train

huo che

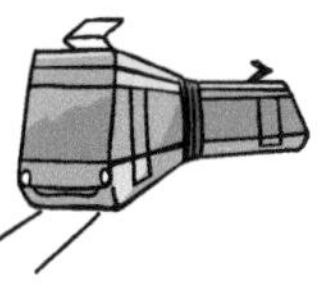

le tramway

dian che

le wagon

huo che

l'hélicoptère

zhi sheng ji

l'aéroport

ji chang

la tour

ta

le passager

cheng ke

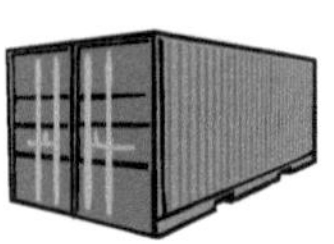

le conteneur

ji zhuang xiang

le carton

zhi ban xiang

le chariot

shou tui che

la corbeille

lan zi

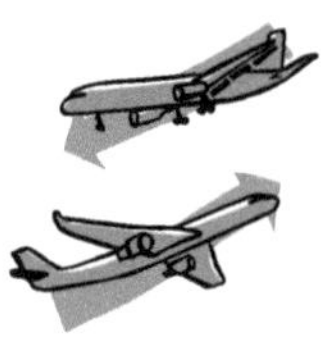

décoller / atterrir

qi fei/jiang luo

la ville
cheng shi

le village

cun zhuang

le centre-ville

shi zhong xin

la maison

fang zi

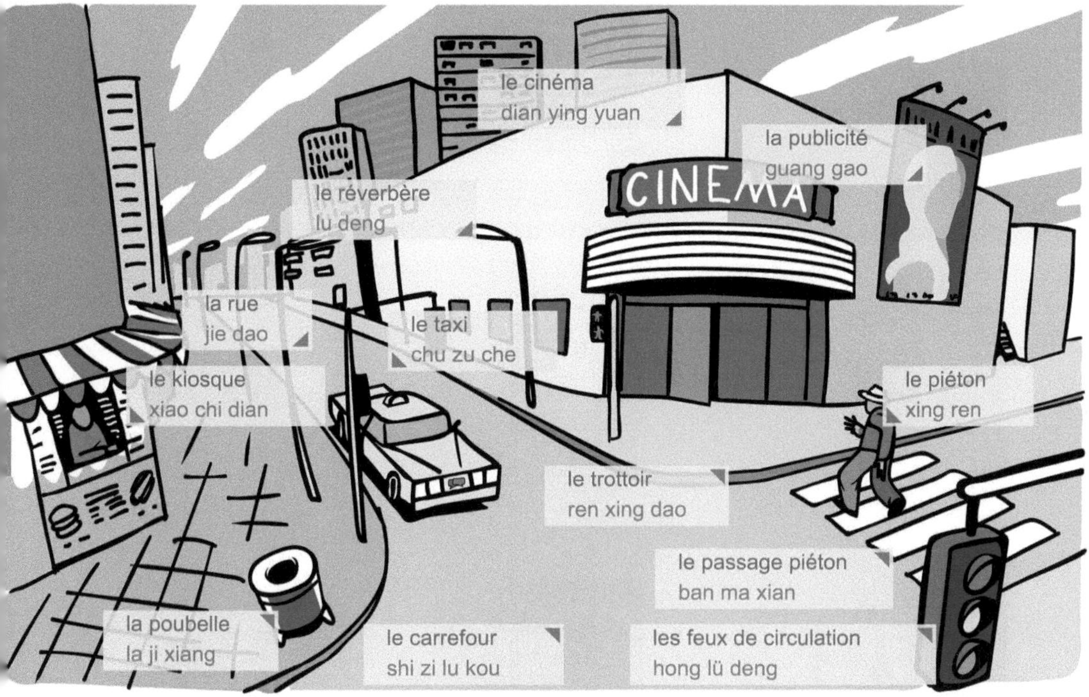

CINEMA
le cinéma
dian ying yuan
la publicité
guang gao
le réverbère
lu deng
la rue
jie dao
le taxi
chu zu che
le kiosque
xiao chi dian
le piéton
xing ren
le trottoir
ren xing dao
le passage piéton
ban ma xian
la poubelle
la ji xiang
le carrefour
shi zi lu kou
les feux de circulation
hong lü deng

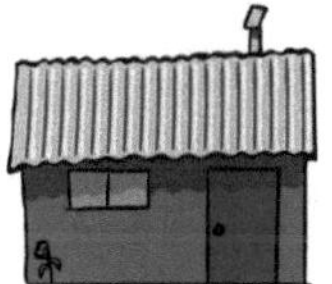

la cabane

xiao wu

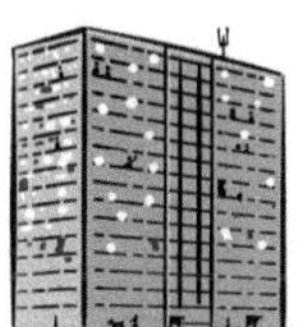

l'appartement

gong yu

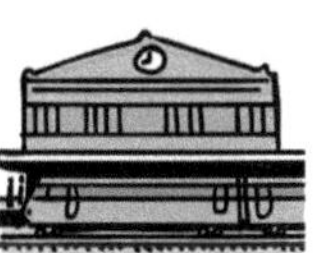

la gare

huo che zhan

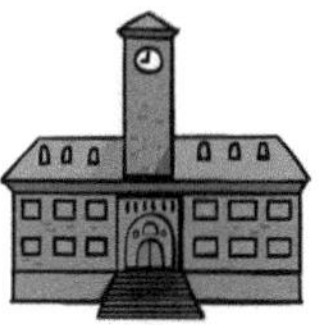

la mairie

shi zheng ting

MUSEUM

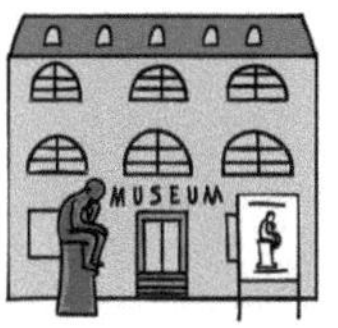

le musée

bo wu guan

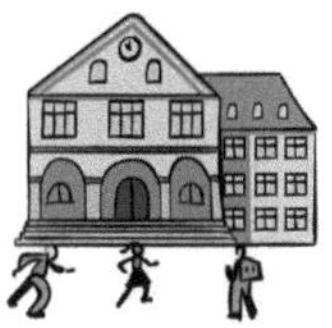

l'école

xue xiao

l'université

da xue

la banque

yin hang

l'hôpital

yi yuan

l'hôtel

jiu dian

la pharmacie

yao fang

le bureau

ban gong shi

la librairie

shu dian

le magasin

shang dian

le fleuriste

hua dian

le supermarché

chao shi

le marché

shi chang

le grand magasin

bai huo shang dian

la poissonnerie

yu dian

le centre commercial

gou wu zhong xin

le port

hai gang

le parc

gong yuan

la banque

chang deng

le pont

qiao

les escaliers

lou ti

le métro

di tie

le tunnel

sui dao

l'arrêt de bus

gong jiao che zhan

le bar

jiu ba

le restaurant

can guan

la boîte à lettres

you tong

le panneau indicateur

lu biao

le parcmètre

ting che ji shi qi

le zoo

dong wu yuan

le réverbère

you yong guan

la mosquée

qing zhen si

la ferme

nong chang

la pollution

wu ran

la cimetière

mu di

l'église

jiao tang

l'aire de jeux

cao chang

le temple

si miao

le paysage
di xing

la feuille
shu ye

le panneau indicateur
zhi shi pai

le chemin
lu

le pré
cao di

la pierre
shi tou

le randonneur
tu bu lü xing zhe

l'arbre
shu

la rivière
he

l'herbe
cao

la fleur
hua

la vallée

xia gu

la montagne

shan

le lac

hu

la forêt

sen lin

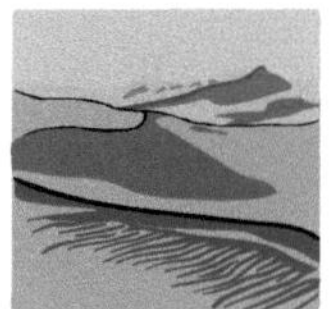

le désert

sha mo

le volcan

huo shan

le château

cheng bao

l'arc-en-ciel

cai hong

le champignon

mo gu

le palmier

zong lü shu

le moustique

wen zi

la mouche

cang ying

les fourmis

ma yi

l'abeille

mi feng

l'araignée

zhi zhu

le coléoptère

jia chong

la grenouille

qing wa

l'écureuil

song shu

le hérisson

ci wei

le lièvre

ye tu

la chouette

mao tou ying

l'oiseau

niao

le cygne

tian e

le sanglier

ye zhu

le cerf

lu

l'élan

mi lu

le barrage

shui ba

l'éolienne

feng li fa dian ji

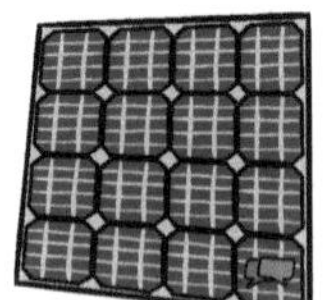

le panneau solaire

tai yang neng dian chi ban

le climat

qi hou

le restaurant

can guan

le serveur
fu wu yuan

le menu
cai dan

la chaise
yi zi

la soupe
tang

la pizza
pi sa bing

la nappe
zhuo bu

les couverts
can ju

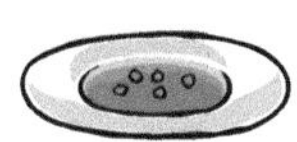

les hors d'œuvre
qian cai

le plat principal
zhu cai

le dessert
tian dian

les boissons
yin liao

l'alimentation
shi wu

la bouteille
ping zi

le fast-food

kuai can

les plats à emporter

jie bian xiao chi

la théière

cha hu

le sucrier

tang he

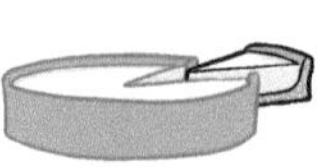

la portion

yi fen fan cai

la machine à expresso

yi shi ka fei ji

la chaise haute

gao jiao yi

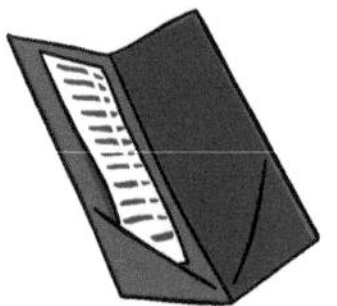

la facture

zhang dan

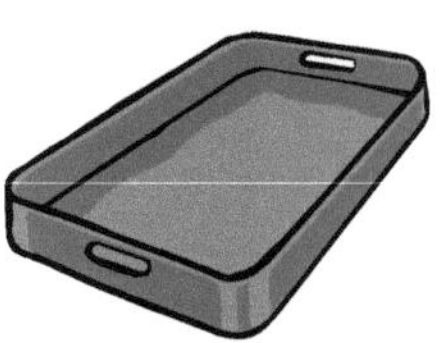

le plateau

tuo pan

le couteau

dao

la fourchette

can cha

la cuillère

shao zi

la cuillère à thé

cha chi

la serviette

can jin

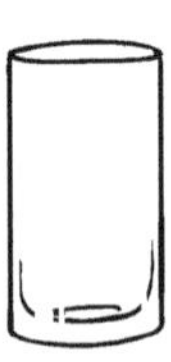

le verre

bo li bei

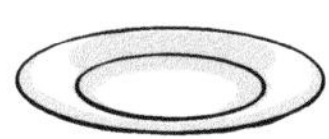

l'assiette

die zi

l'assiette à soupe

tang pan

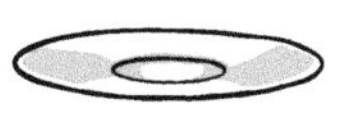

la soucoupe

die zi

la sauce

jiang

la salière

yan ping

le moulin à poivre

hu jiao mo

le vinaigre

cu

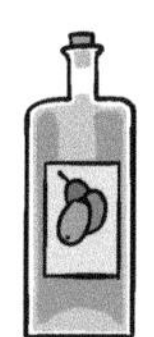

l'huile

shi yong you

les épices

tiao wei liao

le ketchup

fan qie jiang

la moutarde

jie mo

la mayonnaise

dan huang jiang

le supermarché

chao shi

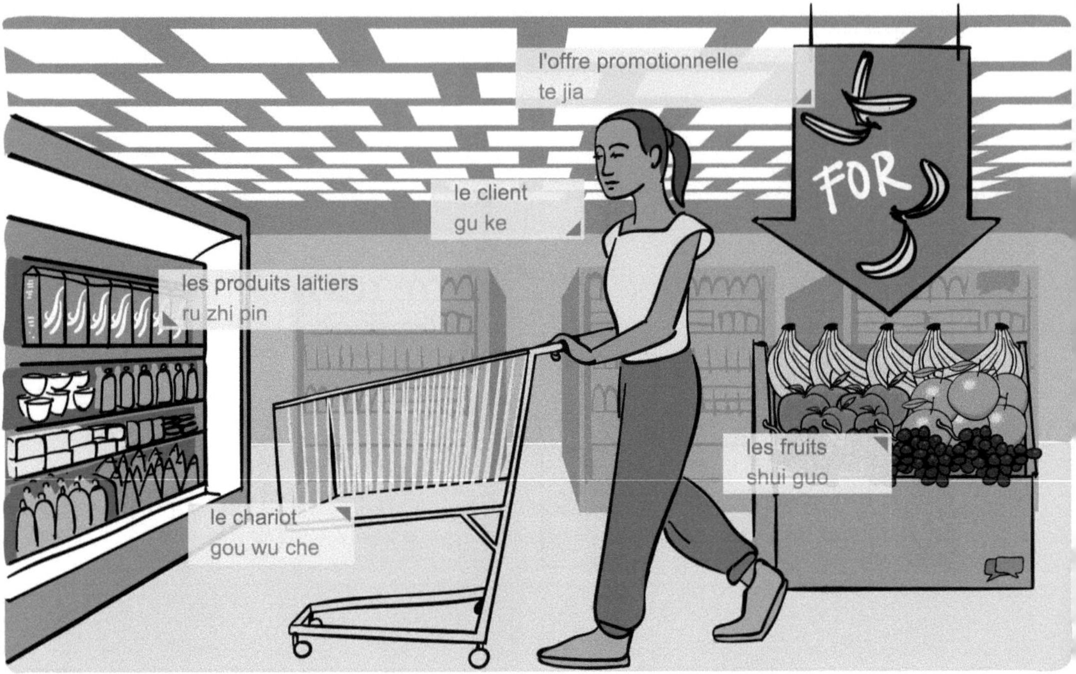

l'offre promotionnelle
te jia
FOR
le client
gu ke
les produits laitiers
ru zhi pin
les fruits
shui guo
le chariot
gou wu che

BUTCHERS

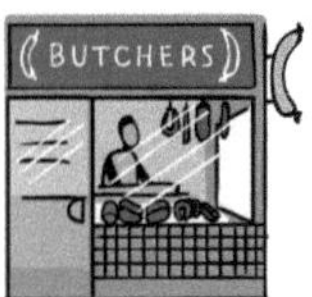

la boucherie

rou pu

BAKERY

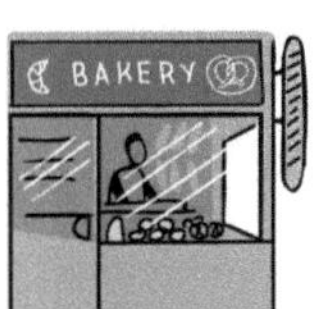

la boulangerie

mian bao fang

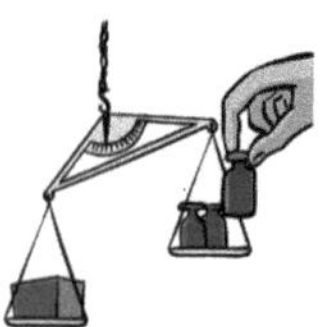

peser

cheng zhong

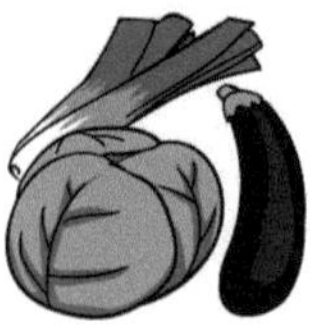

les légumes

shu cai

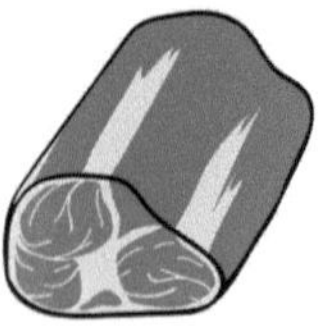

la viande

rou

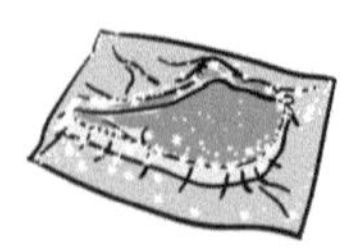

les aliments surgelés

leng dong shi pin

la charcuterie

leng pan

les conserves

guan tou shi pin

la poudre à lessive

xi yi fen

les bonbons

tian shi

les articles ménagers

ri yong pin

les détergents

qing jie yong pin

la vendeuse

xiao shou yuan

la caisse

shou yin ji

le caissier

shou yin yuan

la liste d'achats

gou wu qing dan

les heures d'ouverture

kai fang shi jian

le portefeuille

qian bao

la carte de crédit

xin yong ka

le sac

dai zi

le sac en plastique

su liao dai

les boissons
yin liao

l'eau

shui

le jus de fruit

guo zhi

le lait

niu nai

le coca

ke le

le vin

hong jiu

la bière

pi jiu

l'alcool

jiu

le chocolat chaud

ke ke

le thé

cha

le café

ka fei

l'expresso

yi shi nong suo ka fei

le cappuccino

ka bu qi nuo

l'alimentation

shi wu

la banane
....
xiang jiao

la pomme
....
ping guo

l'orange
....
cheng zi

le melon
....
xi gua

le citron.
....
ning meng

la carotte
....
hu luo bo

l'ail
....
da suan

le bambou
....
zhu zi

l'oignon
....
yang cong

le champignon
....
mo gu

les noisettes
....
jian guo

les pâtes
....
mian tiao

les spaghetti

yi da li mian tiao

le riz

mi fan

la salade

sha la

les pommes frites

shu tiao

les pommes de terre rôties

zha tu dou

la pizza

pi sa bing

le hamburger

han bao bao

le sandwich

san ming zhi

l'escalope

zha zhu pai

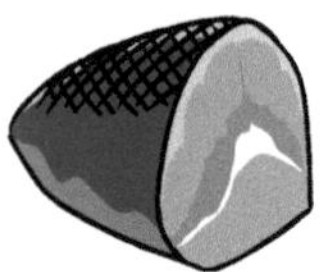

le jambon

huo tui

le salami

sa la mi

la saucisse

xiang chang

le poulet

ji rou

le rôti

kao rou

le poisson

yu

les flocons d'avoine

yan mai pian

le muesli

mu zi li

les cornflakes

yu mi pian

la farine

mian fen

le croissant

yang jiao mian bao

les petits-pains

mian bao juan

le pain

mian bao

le pain grillé

kao mian bao

les biscuits

bing gan

le beurre

huang you

le fromage blanc

ning ru

le gâteau

dan gao

l'œuf

dan

l'œuf au plat

jian dan

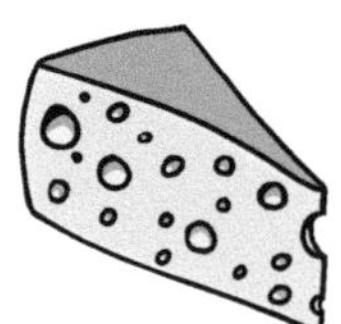

le fromage

nai lao

la glace

bing ji lin

le sucre

tang

le miel

feng mi

la confiture

guo jiang

la crème nougat

qiao ke li jiang

le curry

ga li fan

la ferme
nong chang

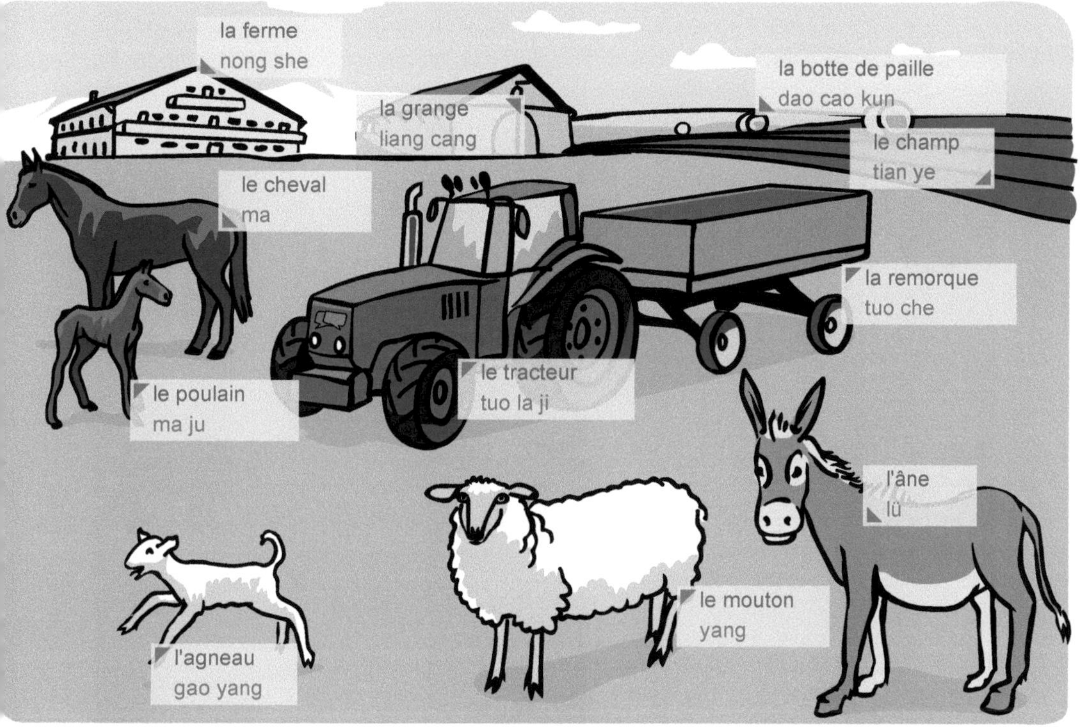

la ferme
nong she

la grange
liang cang

la botte de paille
dao cao kun

le champ
tian ye

le cheval
ma

la remorque
tuo che

le tracteur
tuo la ji

le poulain
ma ju

l'âne
lü

le mouton
yang

l'agneau
gao yang

la chèvre

shan yang

la vache

nai niu

le veau

niu du

le porc

zhu

le porcelet

xiao zhu

le taureau

gong niu

l'oie

e

le canard

ya

le poussin

xiao ji

la poule

mu ji

le coq

gong ji

le rat

shu

le chat

mao

la souris

lao shu

le bœuf

niu

le chien

gou

le chenil

gou wu

le tuyau de jardin

hua yuan jiao shui ruan guan

l'arrosoir

sa shui hu

la faucheuse

chang bing da lian dao

la charrue

li

la faucille

lian dao

la pioche

chu tou

la fourche

chang bing cao pa

la hache

fu tou

la brouette

du lun shou tui che

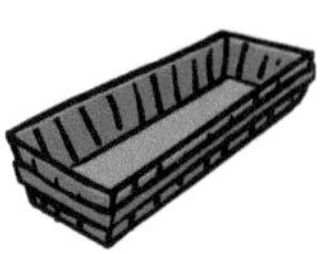

la cuve

si liao cao

le pot à lait

niu nai guan

le sac

ma bu dai

la clôture

zha lan

l'étable

ma jiu

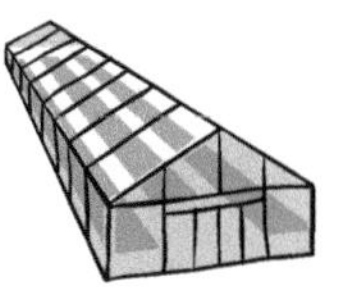

le serre

wen shi

le sol

tu rang

les semences

zhong zi

l'engrais

fei liao

la moissonneuse-batteuse

lian he shou ge ji

récolter

shou ge

la récolte

shou ge

l'igname

shan yao

le blé

xiao mai

le soja

da dou

la pomme de terre

tu dou

le maïs

yu mi

le colza

you cai zi

l'arbre fruitier

guo shu

le manioc

shu shu

les céréales

gu wu

la maison
fang zi

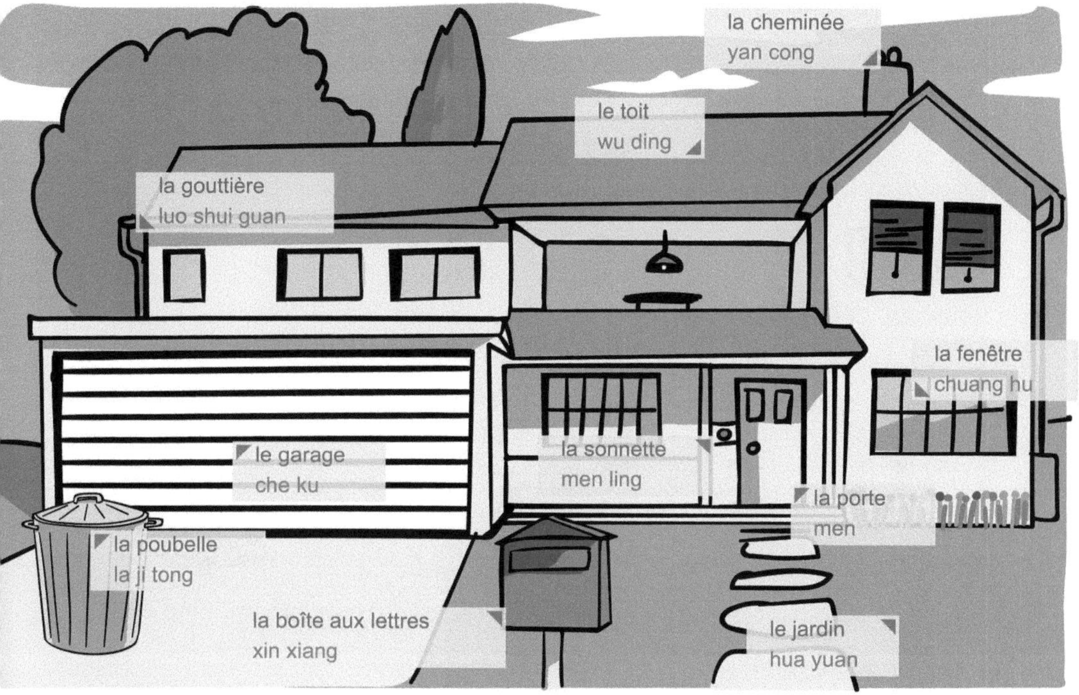

la cheminée
yan cong

le toit
wu ding

la gouttière
luo shui guan

la fenêtre
chuang hu

le garage
che ku

la sonnette
men ling

la porte
men

la poubelle
la ji tong

la boîte aux lettres
xin xiang

le jardin
hua yuan

le salon

ke ting

la salle de bain

yu shi

la cuisine

chu fang

la chambre à coucher

wo shi

la chambre d'enfant

er tong fang

la salle à manger

can ting

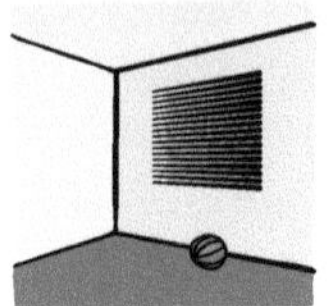

le sol

di ban

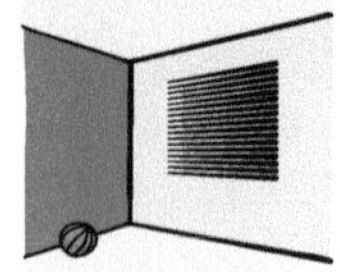

le mur

qiang bi

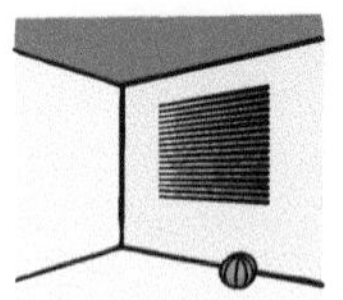

le plafond

diao ding

la cave

di jiao

le sauna

sang na

le balcon

yang tai

la terrasse

lu tai

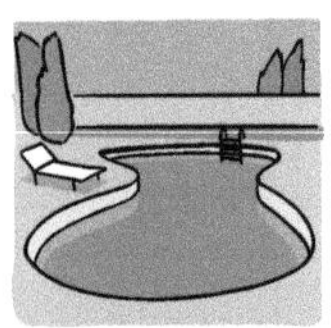

la piscine

you yong chi

la tondeuse à gazon

ge cao ji

la housse

bei dan

la couette

chuang zhao

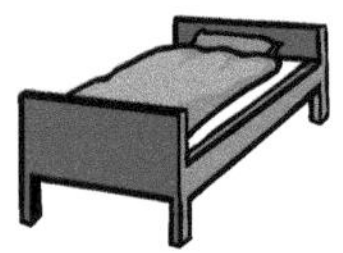

le lit

chuang

le balai

sao zhou

le sceau

shui tong

l'interrupteur

kai guan

le salon
ke ting

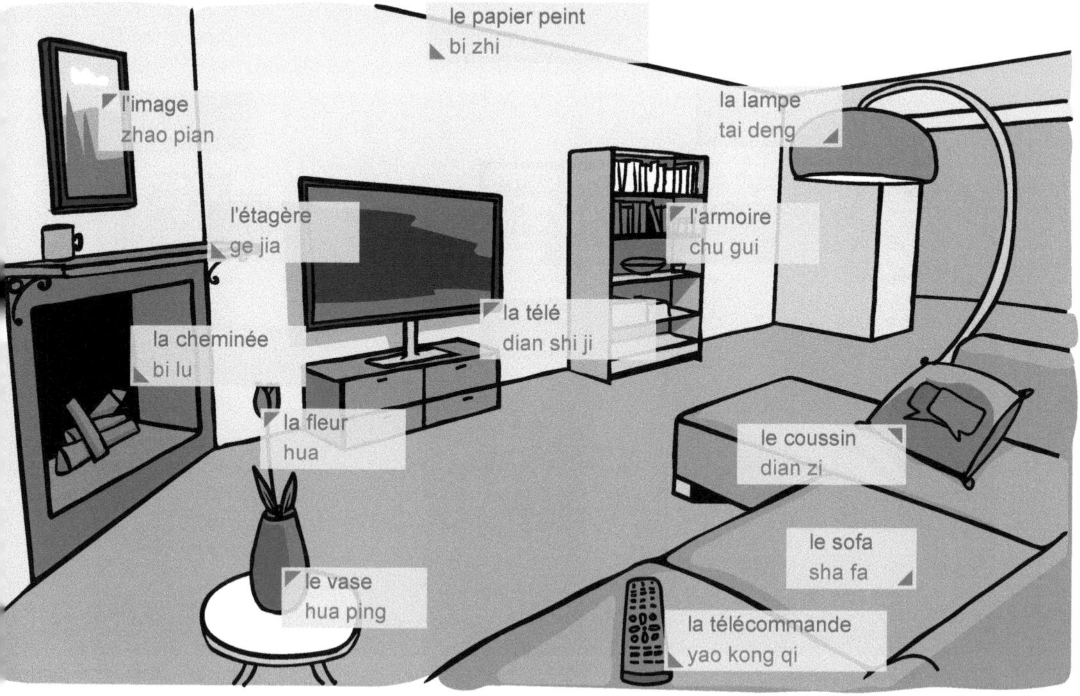

le papier peint
bi zhi

l'image
zhao pian

la lampe
tai deng

l'étagère
ge jia

l'armoire
chu gui

la télé
dian shi ji

la cheminée
bi lu

la fleur
hua

le coussin
dian zi

le sofa
sha fa

le vase
hua ping

la télécommande
yao kong qi

le tapis
di tan

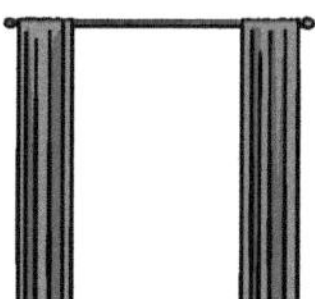

le rideau
chuang lian

la table
can zhuo

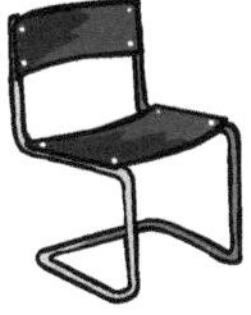

la chaise
yi zi

la chaise à bascule
yao yi

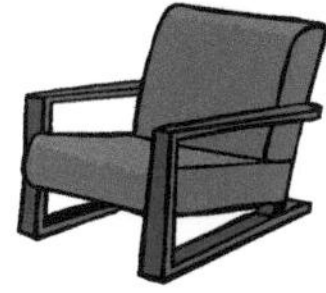

le fauteuil
fu shou yi

le livre

shu

la couverture

tan zi

la décoration

zhuang shi pin

le bois de chauffage

mu chai

le film

dian ying

la chaîne hi-fi

gao bao zhen yin xiang

la clé

yao shi

le journal

bao zhi

la peinture

you hua

le poster

hai bao

la radio

shou yin ji

le bloc-notes

bi ji ben

l'aspirateur

xi chen qi

le cactus

xian ren zhang

la bougie

la zhu

la cuisine
chu fang

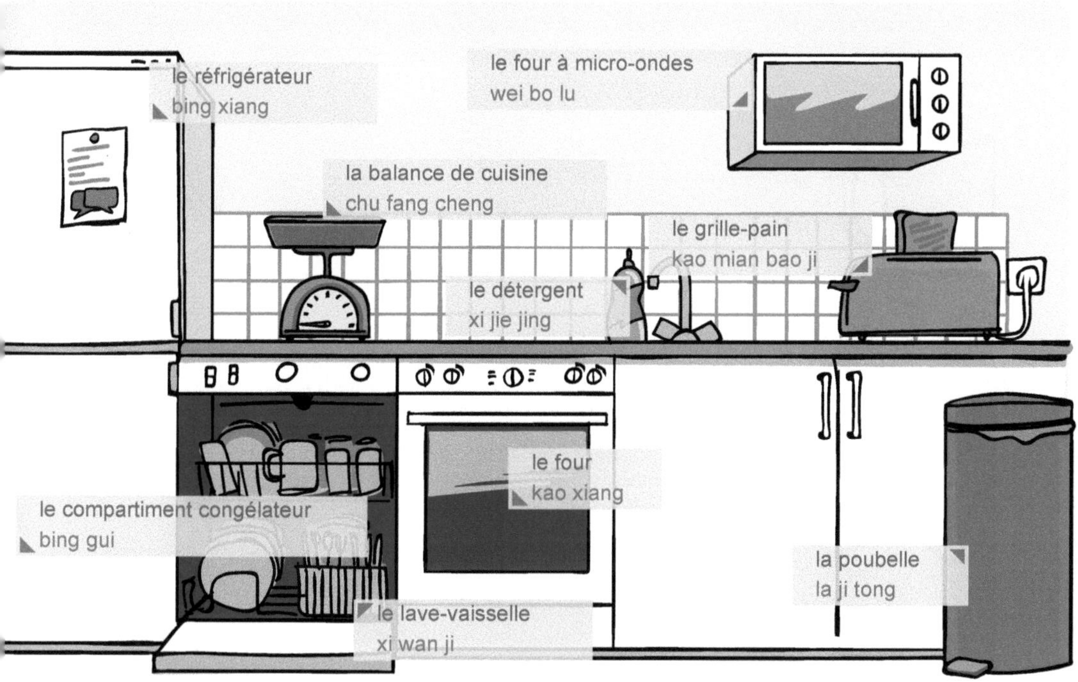

le réfrigérateur
bing xiang

le four à micro-ondes
wei bo lu

la balance de cuisine
chu fang cheng

le grille-pain
kao mian bao ji

le détergent
xi jie jing

le four
kao xiang

le compartiment congélateur
bing gui

la poubelle
la ji tong

le lave-vaisselle
xi wan ji

le four

chui ju

la casserole

guo

la marmite

zhu tie guo

le wok / kadai

sha guo

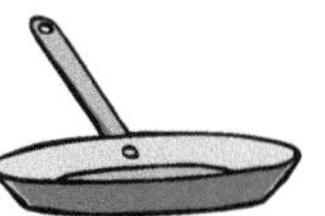

la poêle

ping di guo

la bouilloire electrique

shui hu

le cuiseur vapeur
zheng guo

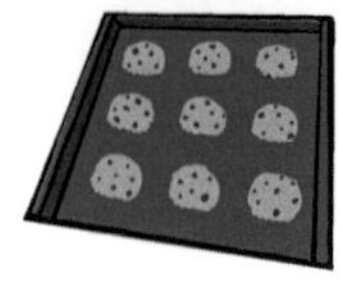

la plaque de cuisson
kao pan

la vaisselle
tao ci guo

le gobelet
ma ke bei

la coupe
wan

les baguettes
kuai zi

la louche
chang bing shao

la spatule
chan zi

le fouet
jiao ban qi

la passoire
lü wang

le tamis
shai zi

la râpe
mo sui ji

le mortier
yan bo

le barbecue
shao kao

la cheminée
ming huo

la planche à découper

cai ban

le rouleau à pâtisserie

gan mian zhang

le tire-bouchon

kai ping qi

la boîte

guan zi

l'ouvre-boîte

kai ping qi

les maniques

ge re shou tao

le lavabo

shui cao

la brosse

shua zi

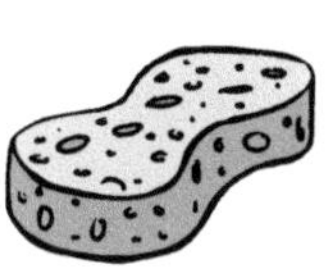

l'éponge

hai mian

le mixeur

jiao ban ji

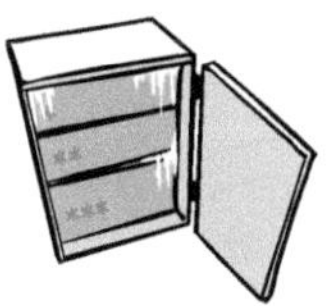

le congélateur

leng cang xiang

le biberon

nai ping

le robinet

shui long tou

la salle de bain

yu shi

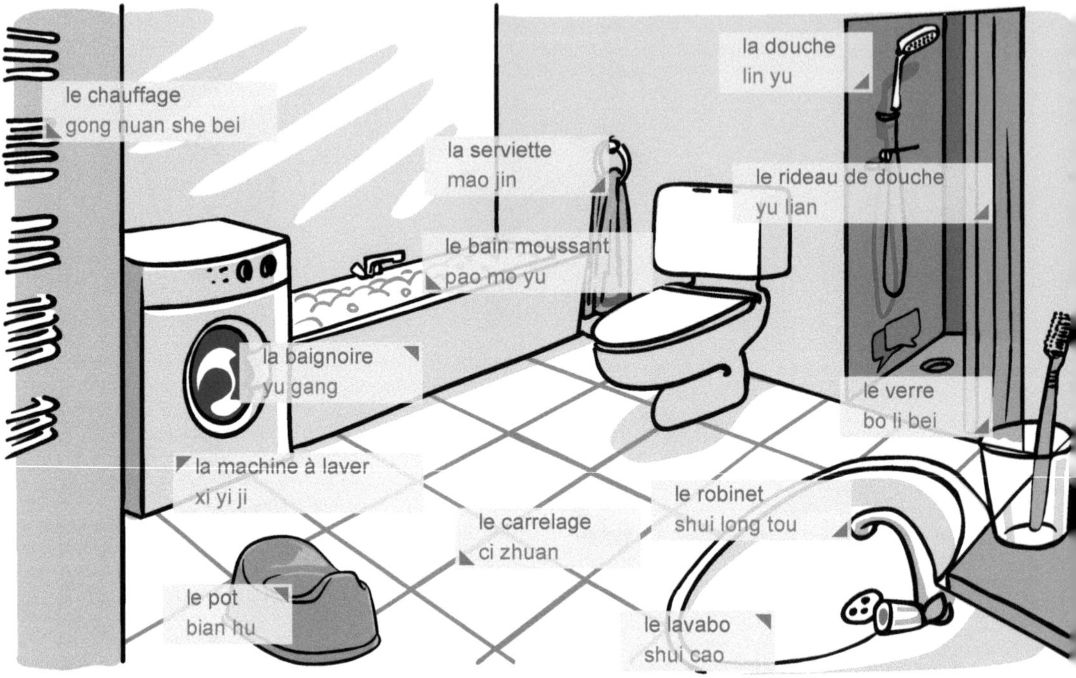

le chauffage
gong nuan she bei

la serviette
mao jin

la douche
lin yu

le rideau de douche
yu lian

le bain moussant
pao mo yu

la baignoire
yu gang

le verre
bo li bei

la machine à laver
xi yi ji

le robinet
shui long tou

le carrelage
ci zhuan

le pot
bian hu

le lavabo
shui cao

les toilettes

ce suo

la toilette à la turque

dun bian qi

le bidet

zuo yu qi

l'urinoir

xiao bian chi

le papier toilette

ce zhi

la brosse à toilette

ma tong shua

la brosse à dents

ya shua

le dentifrice

ya gao

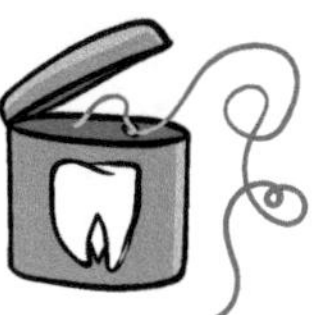

le fil dentaire

ya xian

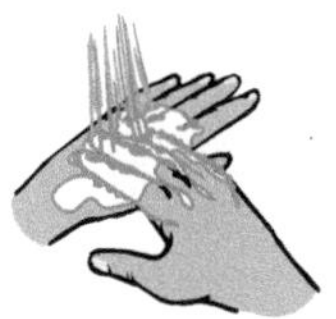

laver

xi

la douche manuelle

shou chi shi pen lin tou

la douche intime

chong xi qi

la vasque

xi lian pen

la brosse dorsale

ca bei shua

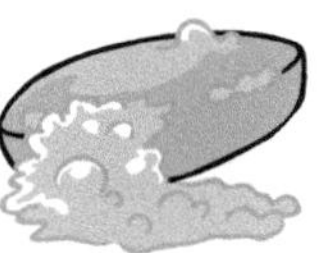

le savon

fei zao

le gel douche

mu yu lu

le shampooing

xi fa shui

le gant de toilette

fa lan rong

l'écoulement

pai shui

la crème

ru shuang

le déodorant

chu chou ji

le miroir

jing zi

le miroir cosmétique

shou jing

le rasoir

ti xu dao

la mousse à raser

ti xu pao mo

l'après-rasage

xu hou shui

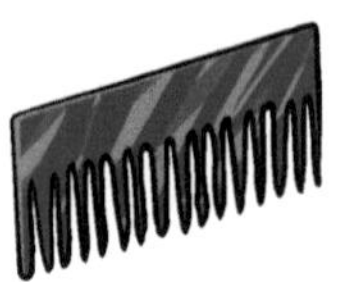

la peigne

shu zi

la brosse

shua zi

le sèche-cheveux

chui feng ji

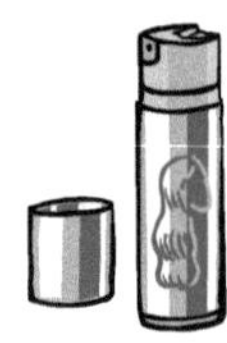

la laque pour cheveux

pen fa ding xing ji

le fond de teint

hua zhuang pin

le rouge à lèvres

chun gao

le vernis à ongles

zhi jia you

l'ouate

hua zhuang mian

le coupe-ongles

zhi jia jian

le parfum

xiang shui

la trousse de toilette

xi shu bao

le tabouret

deng zi

le pèse-personne

ji zhong cheng

le peignoir

yu pao

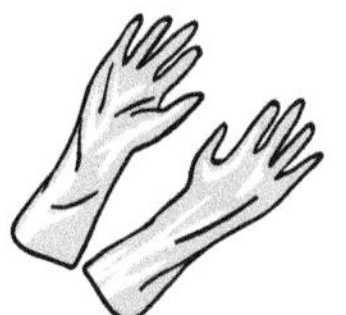

les gants de nettoyage

xiang jiao shou tao

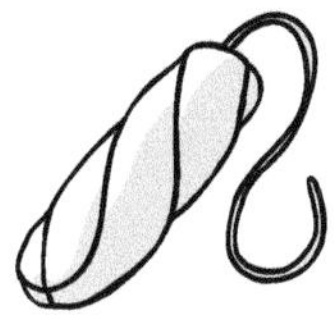

le tampon

wei sheng mian tiao

les serviettes hygiéniques

wei sheng jin

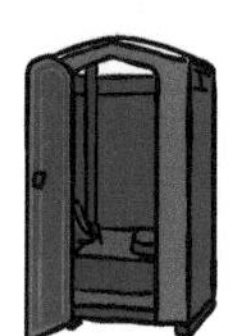

la toilette chimique

hua xue ce suo

la chambre d'enfant

er tong fang

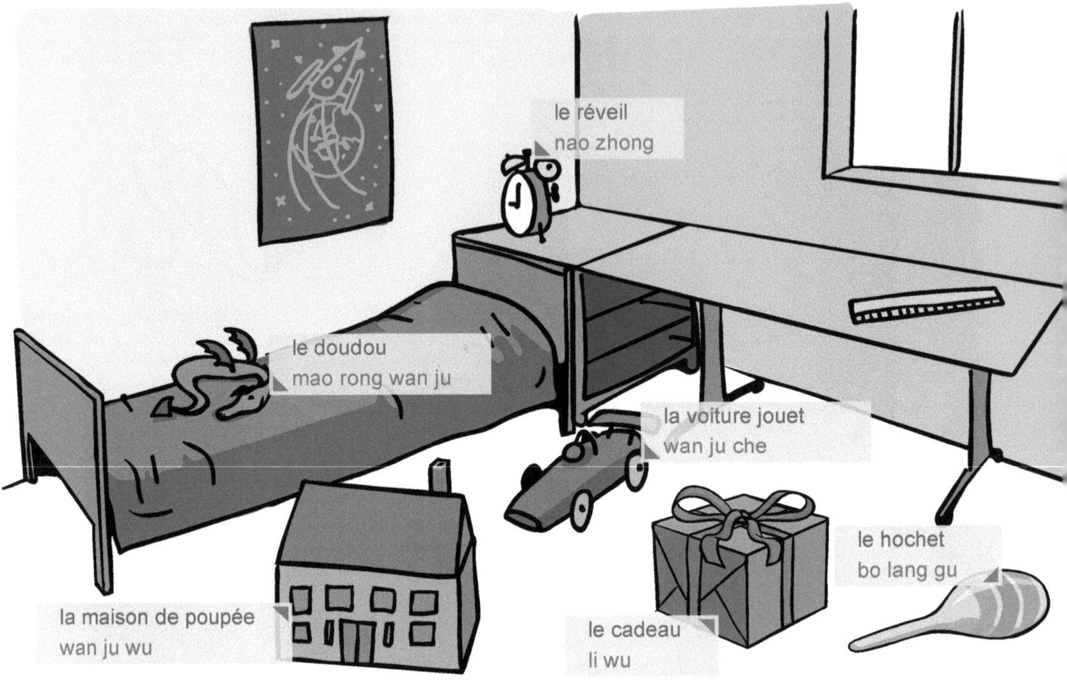

le réveil
nao zhong
le doudou
mao rong wan ju
la voiture jouet
wan ju che
le hochet
bo lang gu
la maison de poupée
wan ju wu
le cadeau
li wu

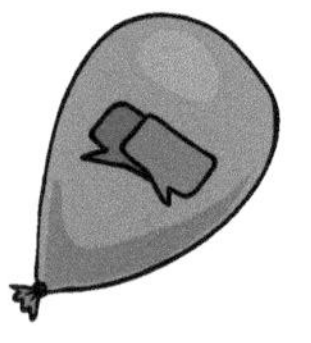

le ballon

qi qiu

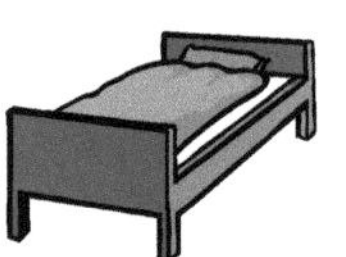

le lit

chuang

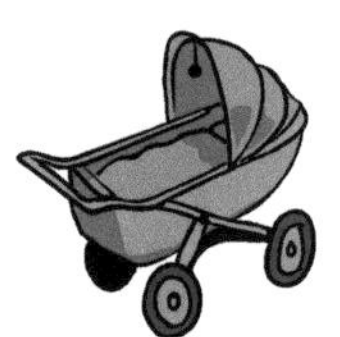

la poussette

(yang wa wa yong)ying er che

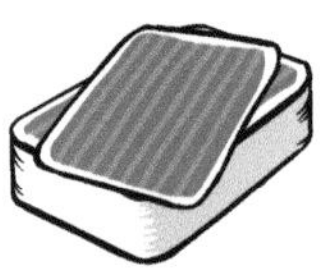

le jeu de cartes

pu ke pai

le puzzle

pin tu

SUPER
MEGA

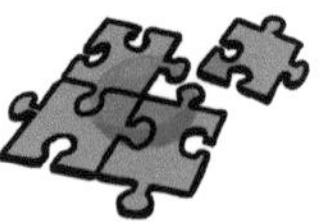

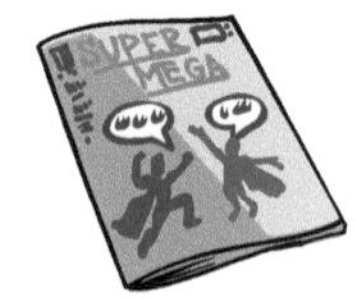

la bande dessinée

man hua

les pièces lego

le gao ji mu

les blocs de construction

ji mu wan ju

la figurine

wan ju ren

la grenouillère

ying er fu

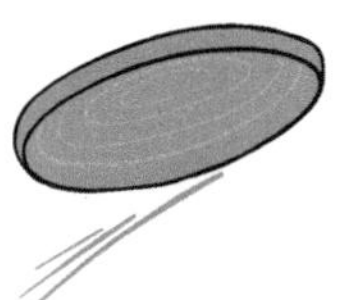

le frisbee

fei pan

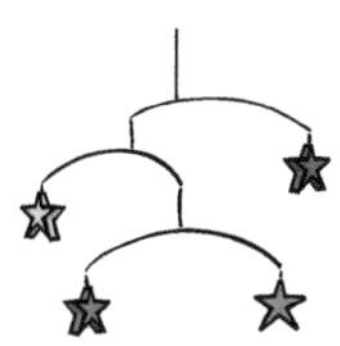

le mobile

chuang ling wan ju

le jeu de société

qi pan you xi

le dé

shai zi

le train miniature

huo che mo xing

la sucette

an fu nai zui

la fête

ju hui

le livre d'images

hui ben

la balle

qiu

la poupée

yang wa wa

jouer

wan

le bac à sable

sha keng

la balançoire

qiu qian

les jouets

wan ju

la console de jeu

you xi ji

le tricycle

san lun che

l'ours en peluche

tai di xiong

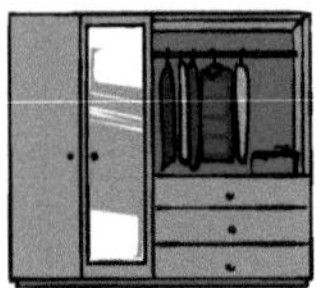

l'armoire

yi chu

les vêtements

yi fu

les chaussettes

wa zi

les bas

chang wa

le collant

jin shen ku

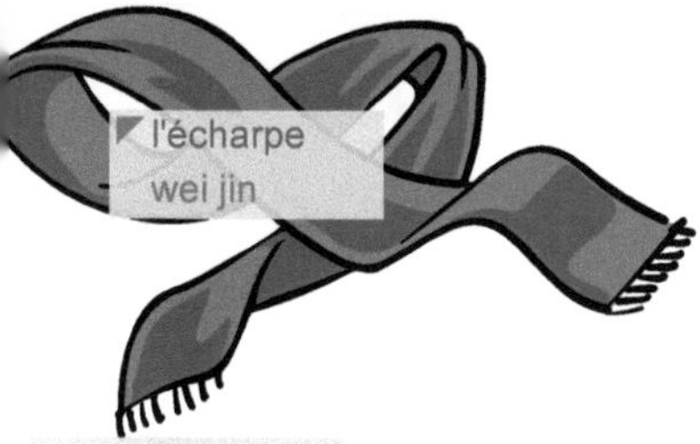

l'écharpe
wei jin

le parapluie
yu san

le t-shirt
T xu

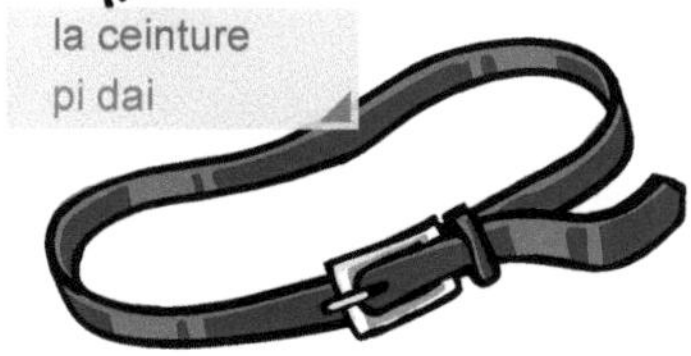

la ceinture
pi dai

les bottes
xue zi

les pantoufles
tuo xie

les baskets
yun dong xie

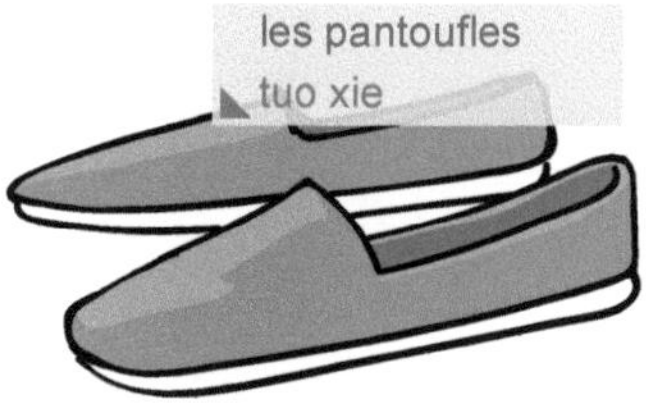

les sandales

liang xie

les chaussures

xie

les bottes de caoutchouc

yu xue

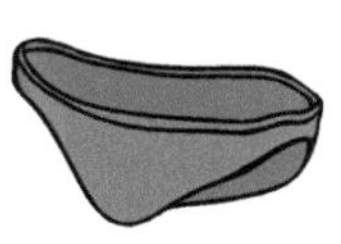

les sous-vêtements

nei ku

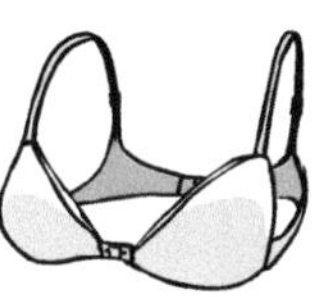

le soutien-gorge

xiong zhao

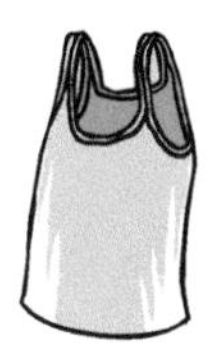

le maillot de corps

bei xin

le body

shen ti

le pantalon

ku zi

le jean

niu zai ku

la jupe

duan qun

le chemisier

nü shi chen shan

la chemise

chen shan

le pull

tao tou shan

le sweat à capuche

wei yi

la veste

xi zhuang jia ke

la veste

jia ke

le manteau

wai tao

l'imperméable

yu yi

le costume

tao zhuang

la robe

lian yi qun

la robe de mariée

hun sha

le costume

xi zhuang

la chemise de nuit

shui pao

le pyjama

shui yi

le sari

sha li

le foulard

tou jin

le turban

bao tou jin

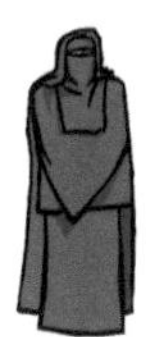

la burqa

bo ka

le caftan

ka fu tan

l'abaya

(a la bo shi)chang pao

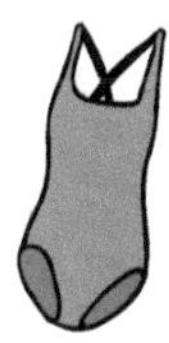

le maillot de bain

yong yi

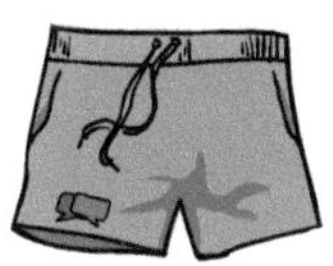

le maillot de bain

nan shi yong ku

le short

duan ku

la tenue d'entraînement

yun dong fu

le tablier

wei qun

les gants

shou tao

le bouton

niu kou

les lunettes

yan jing

le bracelet

shou lian

le collier

xiang lian

la bague

jie zhi

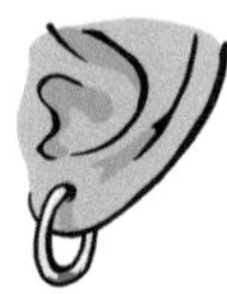

la boucle d'oreille

er huan

le bonnet

bian mao

le cintre

yi jia

le chapeau

mao zi

la cravate

ling dai

la fermeture éclair

la lian

le casque

tou kui

les bretelles

bei dai

l'uniforme scolaire

xiao fu

l'uniforme

zhi fu

le bavoir

wei dou

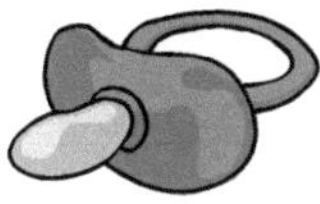

la sucette

an fu nai zui

la lange

niao bu shi

le bureau
ban gong shi

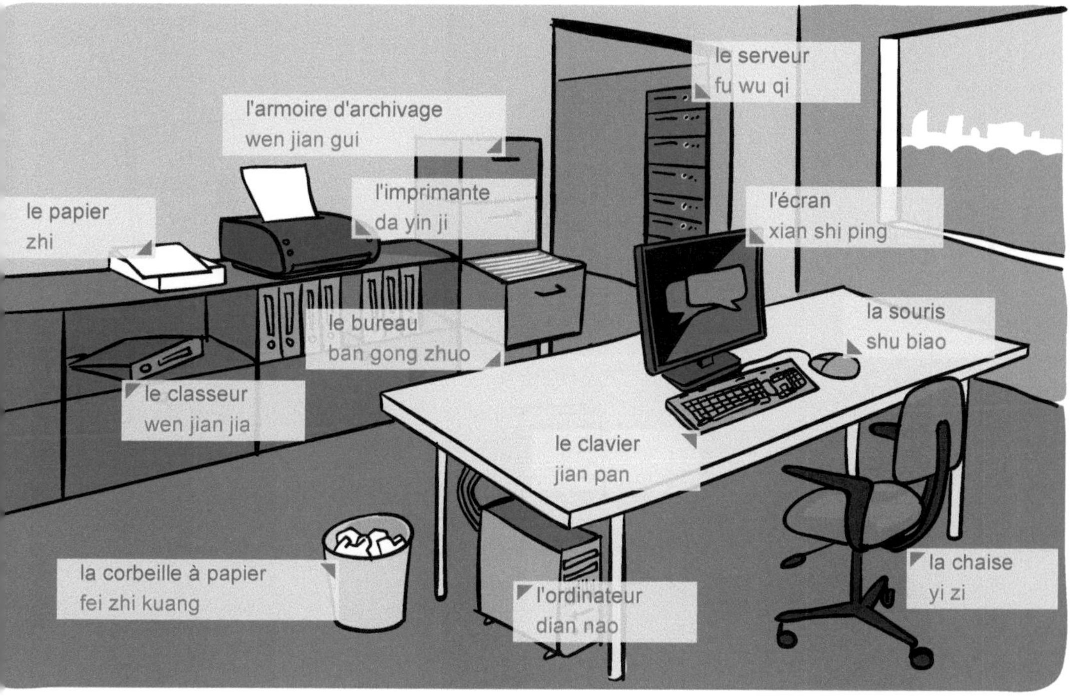

le serveur
fu wu qi

l'armoire d'archivage
wen jian gui

l'imprimante
da yin ji

le papier
zhi

l'écran
xian shi ping

la souris
shu biao

le bureau
ban gong zhuo

le classeur
wen jian jia

le clavier
jian pan

la corbeille à papier
fei zhi kuang

l'ordinateur
dian nao

la chaise
yi zi

la tasse de café

ka fei bei

la calculatrice

ji suan qi

l'internet

yin te wang

l'ordinateur portable

bi ji ben dian nao

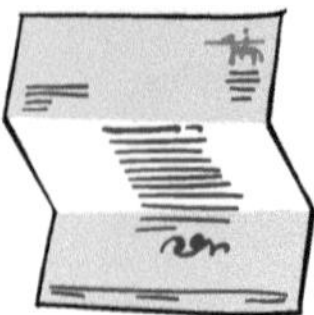

la lettre

xin jian

le message

xiao xi

le portable

shou ji

le réseau

wang luo

la photocopieuse

fu yin ji

le logiciel

ruan jian

le téléphone

dian hua

la prise

cha zuo

le fax

chuan zhen ji

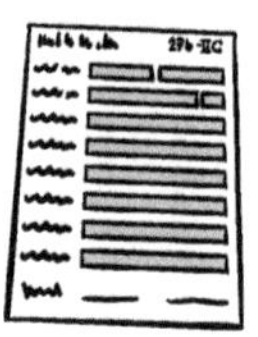

le formulaire

biao ge

le document

wen jian

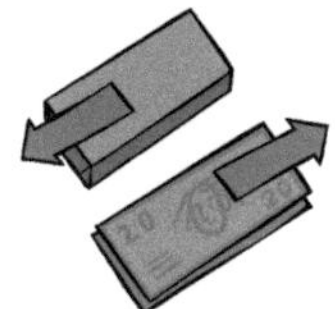

acheter

mai

payer

fu qian

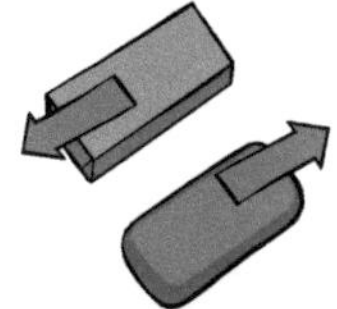

faire du commerce

jiao yi

la monnaie

xian jin

le dollar

mei yuan

l'euro

ou yuan

le yen

ri yuan

le rouble

lu bu

le franc suisse

rui shi fa lang

le renminbi yuan

ren min bi

la roupie

lu bi

le distributeur automatique

ti kuan chu

le bureau de change

wai bi dui huan chu

l'or

jin

l'argent

yin

le pétrole

shi you

l'énergie

neng yuan

le prix

jia ge

le contrat

he tong

la taxe

shui jin

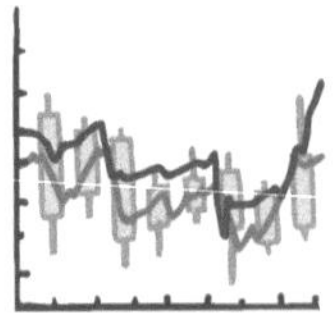

l'action

gu piao

travailler

gong zuo

l'employé

zhi yuan

l'employeur

lao ban

l'usine

gong chang

le magasin

shang dian

les professions
zhi ye

l'agent de police
jing guan

le pompier
xiao fang yuan

le cuisinier
chu shi

le médecin
yi sheng

le pilote
fei xing yuan

le jardinier

yuan ding

le menuisier

mu jiang

la couturière

cai feng

le juge

fa guan

le chimiste

hua xue jia

l'acteur

yan yuan

le conducteur de bus

gong jiao che si ji

le chauffeur de taxi

chu zu che si ji

le pêcheur

yu fu

la femme de ménage

qing jie nü gong

le couvreur

wu ding gong

le serveur

fu wu yuan

le chasseur

lie ren

le peintre

hua jia

le boulanger

mian bao shi

l'électricien

dian gong

l'ouvrier

jian zhu gong ren

l'ingénieur

gong cheng shi

le boucher

tu fu

le plombier

shui guan gong

le facteur

you di yuan

le soldat

shi bing

l'architecte

jian zhu shi

le caissier

shou yin yuan

le fleuriste

hua nong

le coiffeur

li fa shi

le contrôleur

shou piao yuan

le mécanicien

ji xie shi

le capitaine

chuan zhang

le dentiste

ya yi

le scientifique

ke xue jia

le rabbin

la bi

l'imam

yi ma mu

le moine

he shang

le prêtre

mu shi

les outils

gong ju

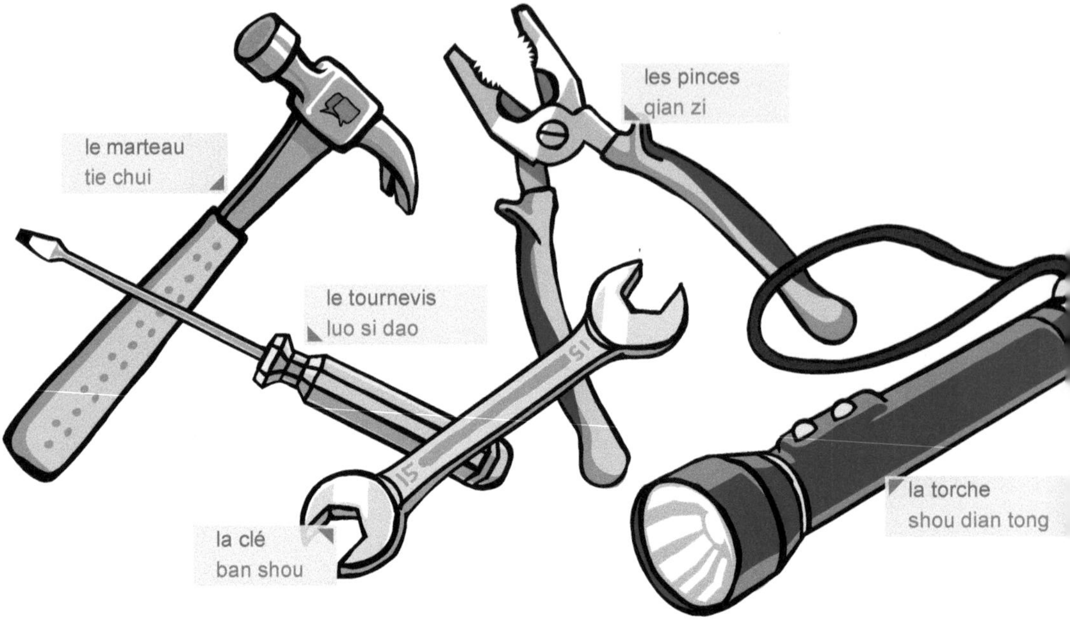

le marteau
tie chui

les pinces
qian zi

le tournevis
luo si dao

la clé
ban shou

la torche
shou dian tong

la pelleteuse

wa jue ji

la boîte à outils

gong ju xiang

l'échelle

ti zi

la scie

ju zi

les clous

ding zi

la perceuse

zuan ji

réparer

xiu

la pelle

chan zi

Mince !

kao!

la pelle

bo ji

le pot de peinture

you qi tong

les vis

luo si

les instruments de musique
yue qi

le haut-parleurs
yang sheng qi

la batterie
da ji yue qi

la guitare
ji ta

la contrebasse
di yin ti qin

la trompette
xiao hao

le piano

gang qin

le violon

xiao ti qin

la basse

bei si

les timbales

ding yin gu

le tambour

gu

le piano électrique

dian zi qin

le saxophone

sa ke si guan

la flûte

chang di

le microphone

mai ke feng

le zoo

dong wu yuan

l'entrée
ru kou

le tigre
lao hu

la cage
long zi

le zèbre
ban ma

l'alimentation animale
dong wu si liao

le panda
xiong mao

les animaux
dong wu

l'éléphant
da xiang

le kangourou
dai shu

le rhinocéros
xi niu

le gorille
da xing xing

l'ours
xiong

le chameau

luo tuo

l'autruche

tuo niao

le lion

shi zi

le singe

hou zi

le flamand rose

huo lie niao

le perroquet

ying wu

l'ours polaire

bei ji xiong

le pingouin

qi e

le requin

sha yu

le paon

kong que

le serpent

she

le crocodile

e yu

le gardien de zoo

dong wu yuan guan li yuan

le phoque

hai bao

le jaguar

mei zhou bao

le poney

ai zhong ma

le léopard

bao

l'hippopotame

he ma

la girafe

chang jing lu

l'aigle

lao ying

le sanglier

ye zhu

le poisson

yu

la tortue

gui

le morse

hai xiang

le renard

hu li

la gazelle

ling yang

les sports
ti yu

les activités
huo dong

sauter
tiao

embrasser
yong bao

rire
xiao

marcher
zou lu

chanter
chang

rêver
zuo meng

prier
qi dao

faire la bise
qin wen

écrire

shu xie

dessiner

hua

montrer

zhan shi

pousser

tui

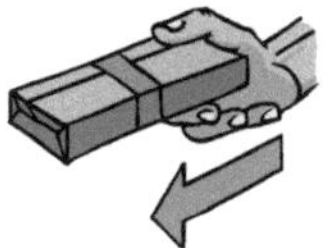

donner

gei

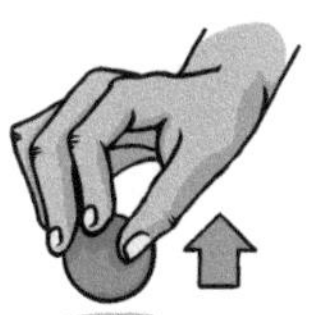

prendre

na

avoir

you

faire

zuo

être

dang

être debout

zhan

courir

pao

trier

la

jeter

reng

tomber

shuai dao

être couché

tang

attendre

deng dai

porter

xie dai

être assis

zuo

s'habiller

chuan yi

dormir

shui jiao

se réveiller

xing lai

regarder

kan

pleurer

ku

caresser

fu mo

peigner

shu tou

parler

jiao tan

comprendre

ming bai

demander

wen

écouter

ting

boire

he

manger

chi

ranger

qing li

aimer

ai

cuire

zuo fan

conduire

kai che

voler

fei

faire de la voile

hang xing

calculer

ji suan

lire

du

apprendre

xue xi

travailler

gong zuo

se marier

jie hun

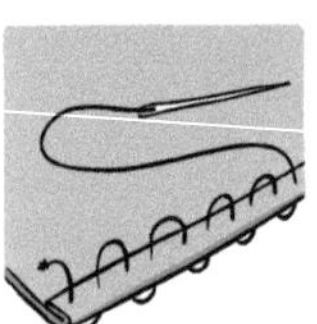

coudre

feng

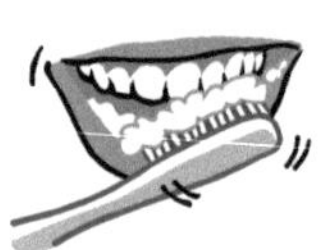

brosser les dents

shua ya

tuer

sha

fumer

chou yan

envoyer

ji

la famille
jia

a grand-mère
zu mu

le grand-père
zu fu

le père
fu qin

la mère
mu qin

le bébé
ying tong

la fille
nü er

le fils
er zi

l'hôte

ke ren

la tante

a yi

l'oncle

shu shu

le frère

xiong di

la sœur

jie mei

le corps
shen ti

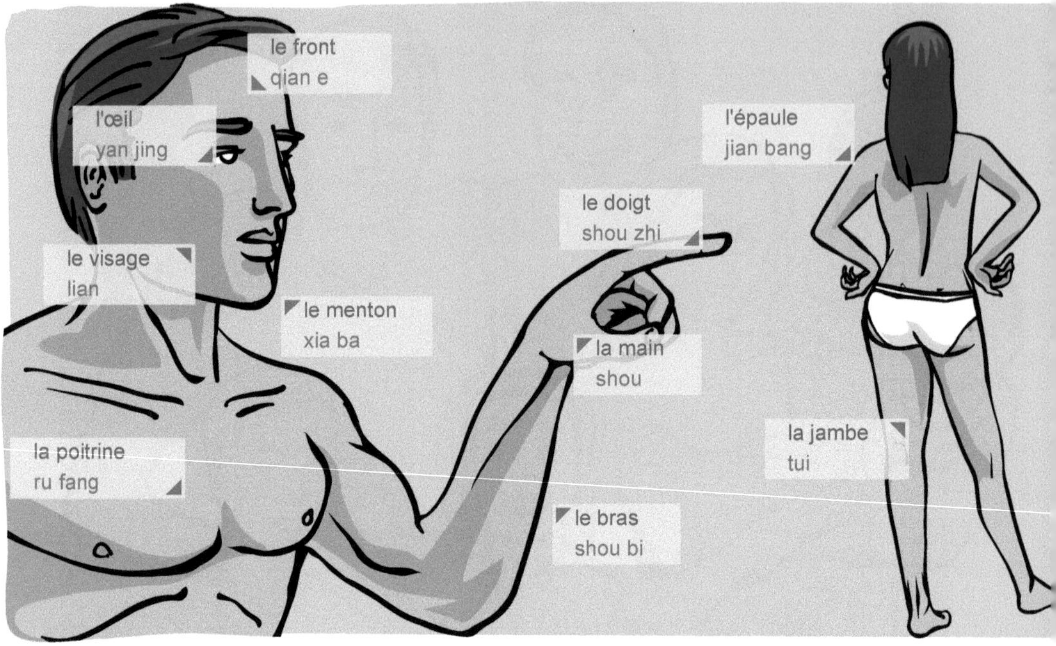

le front
qian e

l'œil
yan jing

l'épaule
jian bang

le doigt
shou zhi

le visage
lian

le menton
xia ba

la main
shou

la jambe
tui

la poitrine
ru fang

le bras
shou bi

le bébé

ying tong

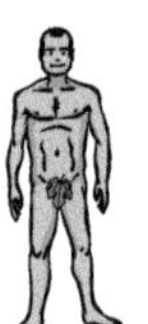

l'homme

nan ren

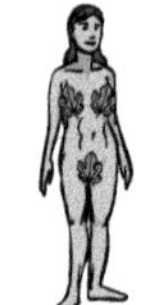

la femme

nü ren

la fille

nü hai

le garçon

nan hai

la tête

tou

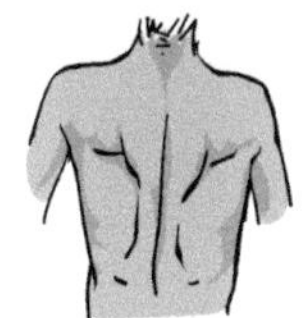

le dos

bei bu

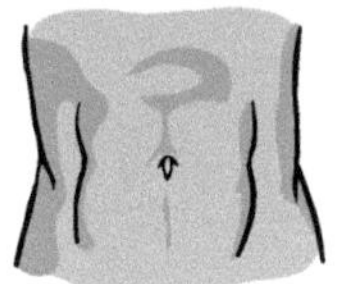

le ventre

du zi

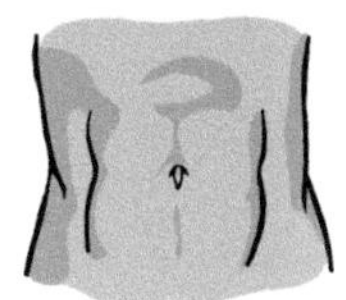

le nombril

du qi

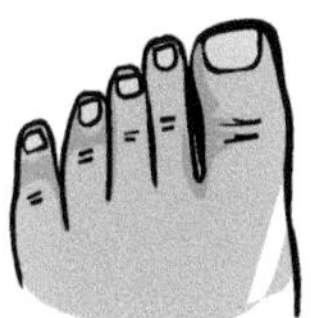

l'orteil

jiao zhi

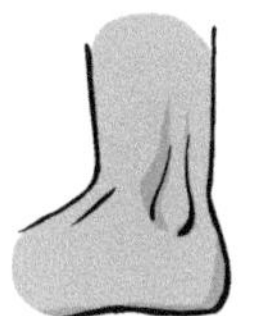

le talon

jiao hou gen

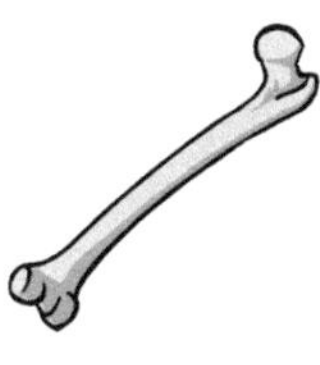

l'os

gu tou

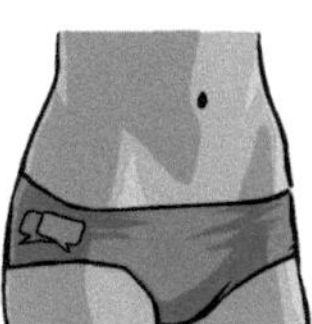

la hanche

tun bu

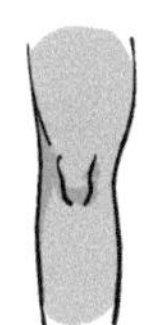

le genou

xi gai

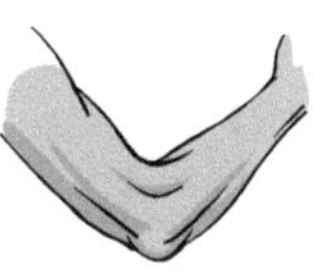

le coude

shou zhou

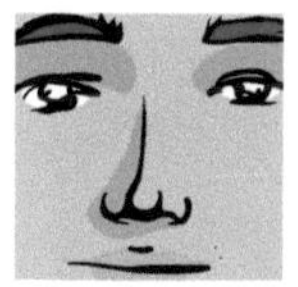

le nez

bi zi

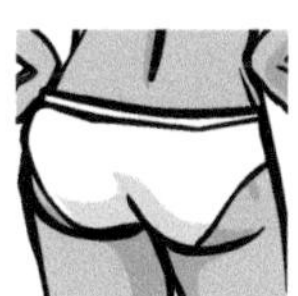

les fesses

pi gu

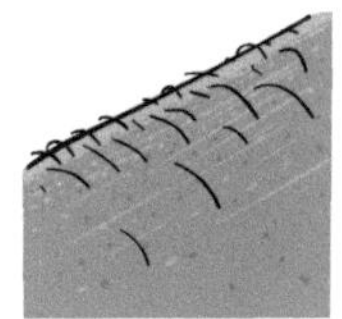

la peau

pi fu

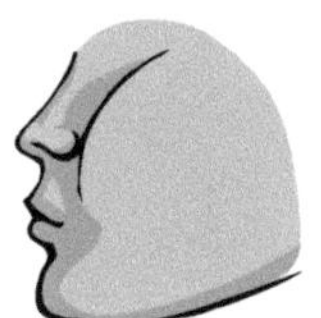

la joue

lian jia

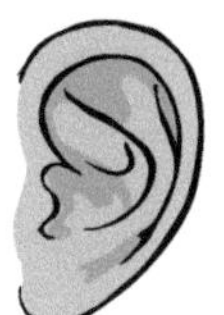

l'oreille

er duo

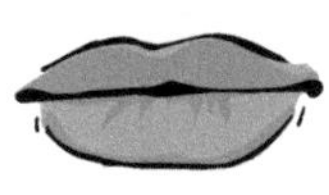

la lèvre

zui chun

la bouche

zui

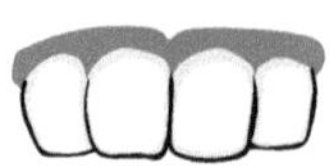

la dent

ya chi

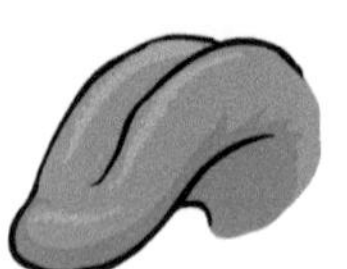

la langue

she tou

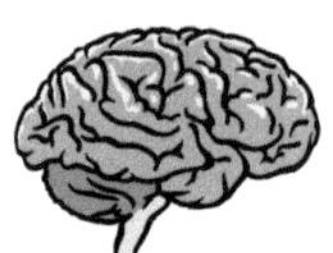

le cerveau

nao

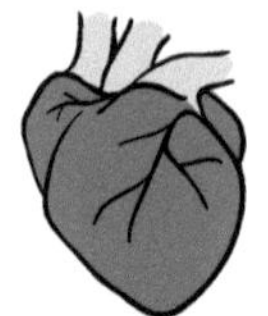

le cœur

xin zang

le muscle

ji rou

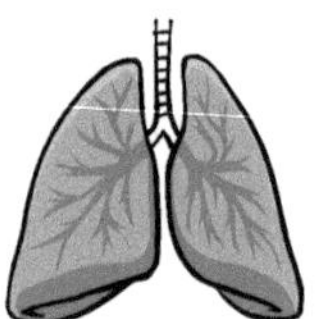

les poumons

fei

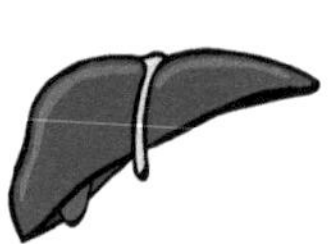

le foie

gan zang

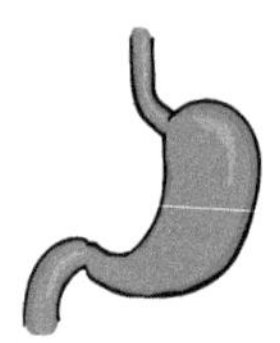

l'estomac

wei

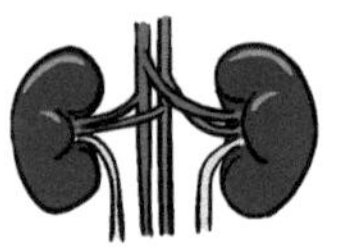

les reins

shen zang

le rapport sexuel

xing jiao

le préservatif

bi yun tao

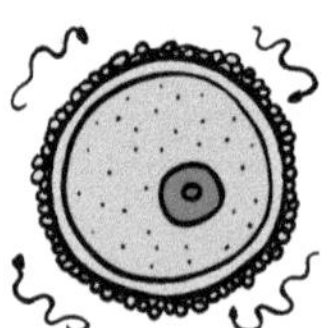

l'ovule

luan zi

le sperme

jing zi

la grossesse

huai yun

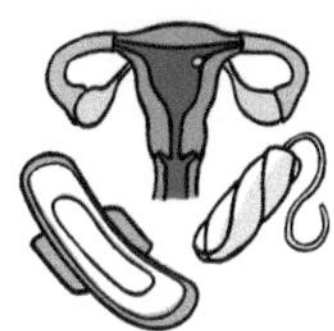

la menstruation

yue jing

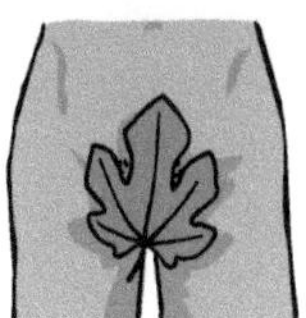

le vagin

yin dao

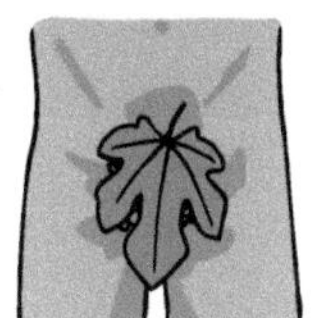

le pénis

yin jing

le sourcil

mei mao

les cheveux

tou fa

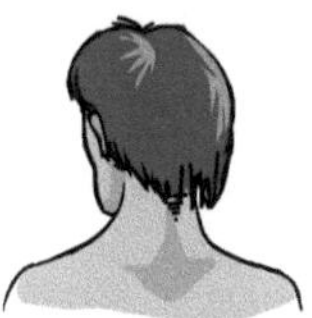

le cou

bo zi

l'hôpital

yi yuan

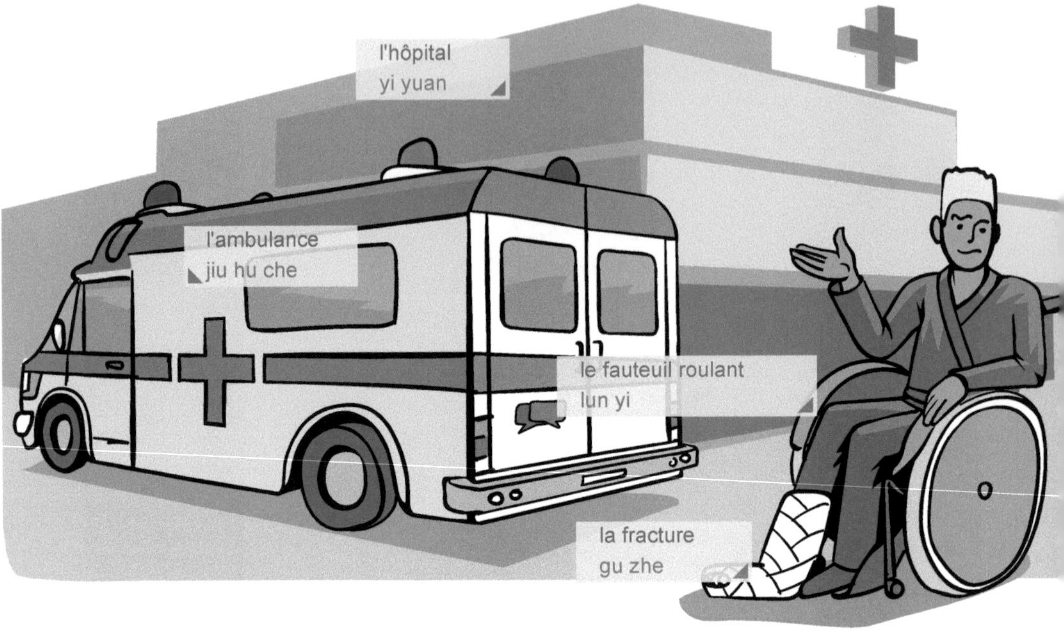

l'hôpital
yi yuan

l'ambulance
jiu hu che

le fauteuil roulant
lun yi

la fracture
gu zhe

le médecin

yi sheng

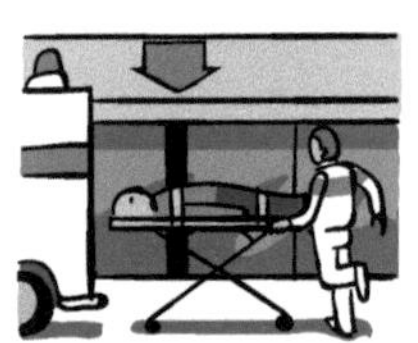

le service des urgences

ji zhen shi

l'infirmière

hu shi

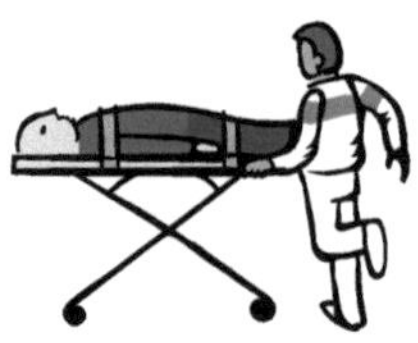

l'urgence

jin ji qing kuang

inconscient

hun mi

la douleur

tong

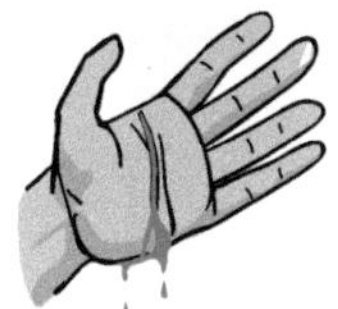

la blessure

shou shang

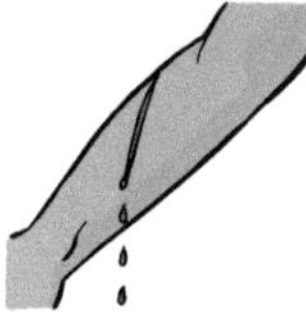

l'hémorragie

chu xue

la crise cardiaque

xin zang bing fa zuo

l'attaque cérébrale

zhong feng

l'allergie

guo min

la toux

ke sou

la fièvre

fa shao

la grippe

liu gan

la diarrhée

fu xie

le mal de tête

tou tong

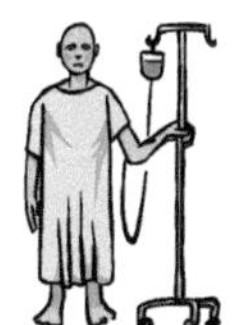

le cancer

ai zheng

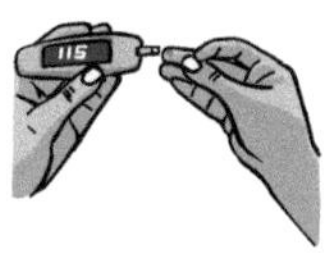

le diabète

tang niao bing

le chirurgien

wai ke yi sheng

le scalpel

shou shu dao

l'opération

shou shu

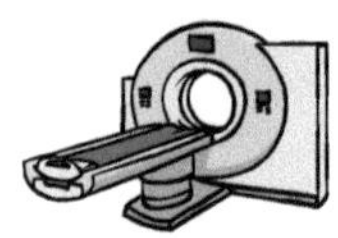

le CT

CT

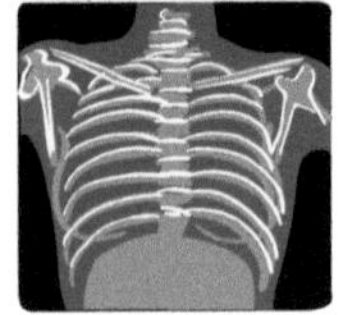

la radiographie

X guang

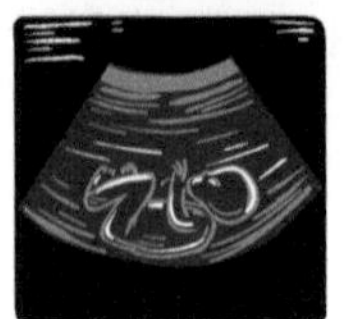

l'échographie

chao sheng bo

le masque

kou zhao

la maladie

ji bing

la salle d'attente

hou zhen shi

la béquille

guai zhang

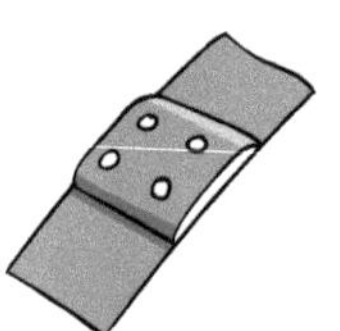

le pansement

shi gao

le pansement

beng dai

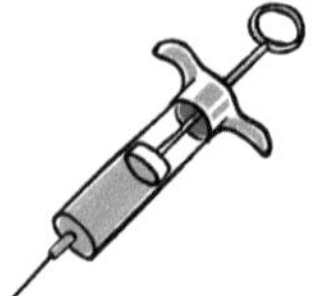

l'injection

zhu she

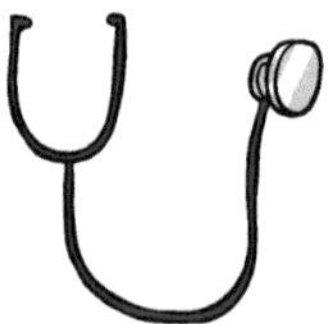

le stéthoscope

ting zhen qi

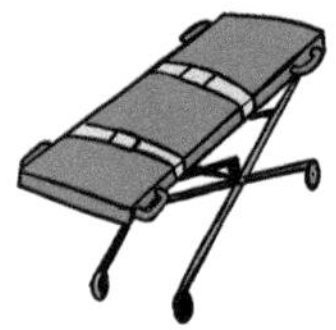

le brancard

dan jia

le thermomètre

ti wen ji

l'accouchement

chu sheng

la surcharge pondérale

chao zhong

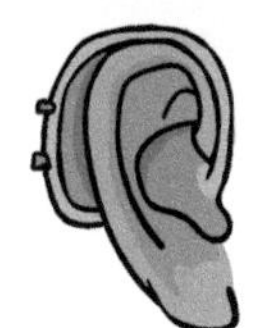

l'appareil auditif

zhu ting qi

le désinfectant

xiao du ye

l'infection

gan ran

le virus

bing du

le VIH / le sida

ai zi bing

le médicament

yao wu

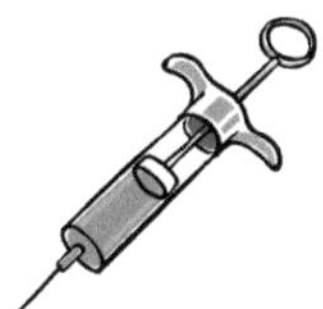

la vaccination

jie zhong yi miao

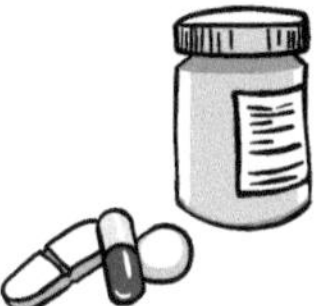

les comprimés

yao pian

la pilule

yao wan

l'appel d'urgence

ji jiu dian hua

le tensiomètre

xue ya ji

malade / sain

sheng bing/jian kang

l'urgence

jin ji qing kuang

Au secours !

jiu ming!

l'alarme

jing bao

l'assaut

tu ji

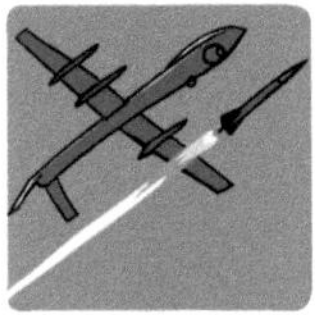

l'attaque

gong ji

le danger

wei xian

la sortie de secours

jin ji chu kou

Au feu!

zhao huo la!

l'extincteur

mie huo qi

l'accident

yi wai

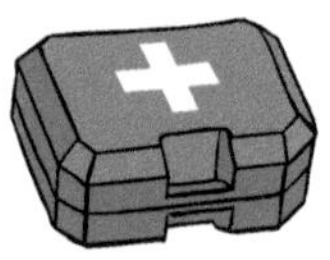

la trousse de premier secours

ji jiu xiang

SOS

hu jiu xin hao

la police

jing cha

l'Europe
ou zhou

l'Amérique du Nord
bei mei zhou

l'Amérique du Sud
nan mei zhou

l'Afrique
fei zhou

l'Asie
ya zhou

l'Australie
ao zhou

l'Océan atlantique
da xi yang

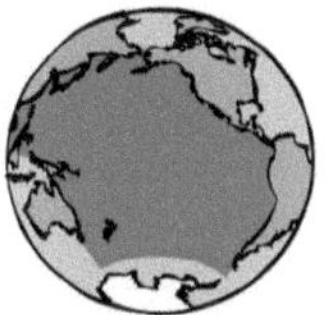
l'Océan pacifique
tai ping yang

l'Océan indien
yin du yang

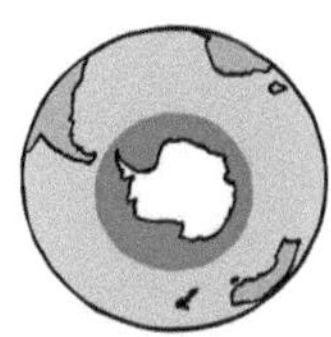
l'Océan antarctique
nan bing yang

l'Océan arctique
bei bing yang

le Pôle nord
bei ji

le Pôle sud

nan ji

l'Antarctique

nan ji zhou

la terre

di qiu

le pays

lu di

la mer

hai

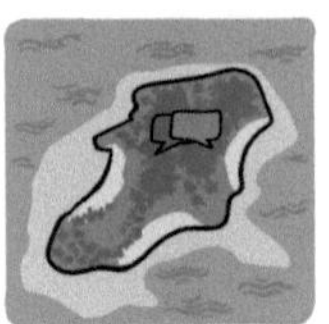

l'île

dao

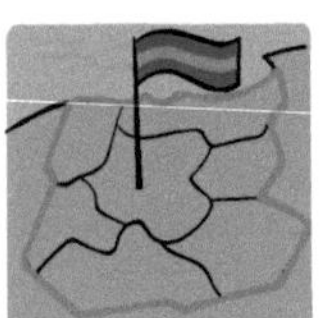

la nation

guo jia

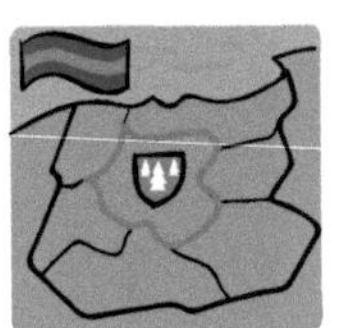

l'état

guo jia

...heure(s)
zhong biao

le cadran

zhong mian

l'aiguille des heures

shi zhen

l'aiguille des minutes

fen zhen

l'aiguille des secondes

miao zhen

Quelle heure est-il ?

xian zai ji dian?

le jour

tian

le temps

shi jian

maintenant

xian zai

la montre digitale

dian zi biao

la minute

fen

l'heure

shi

la semaine

zhou

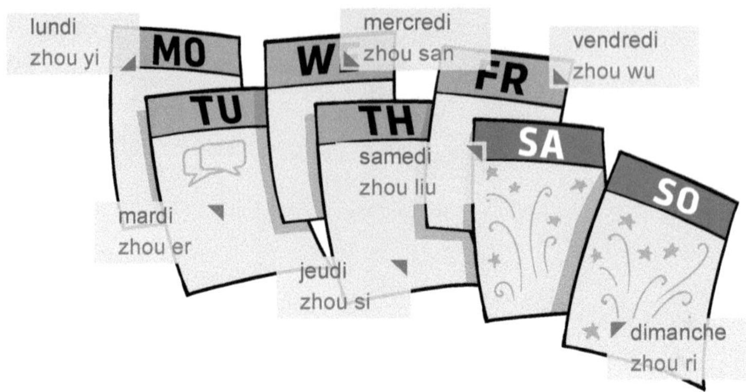

hier

zuo tian

aujourd'hui

jin tian

demain

ming tian

le matin

zao chen

le midi

zhong wu

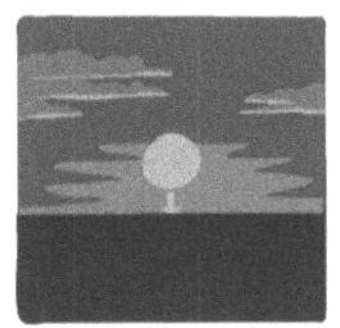

le soir

wan shang

MO	TU	WE	TH	FR	SA	SU
1	2	3	4	5	6	7
8	9	10	11	12	13	14
15	16	17	18	19	20	21
22	23	24	25	26	27	28
29	30	31	1	2	3	4

les jours ouvrables

gong zuo ri

le week-end

zhou mo

l'année

nian

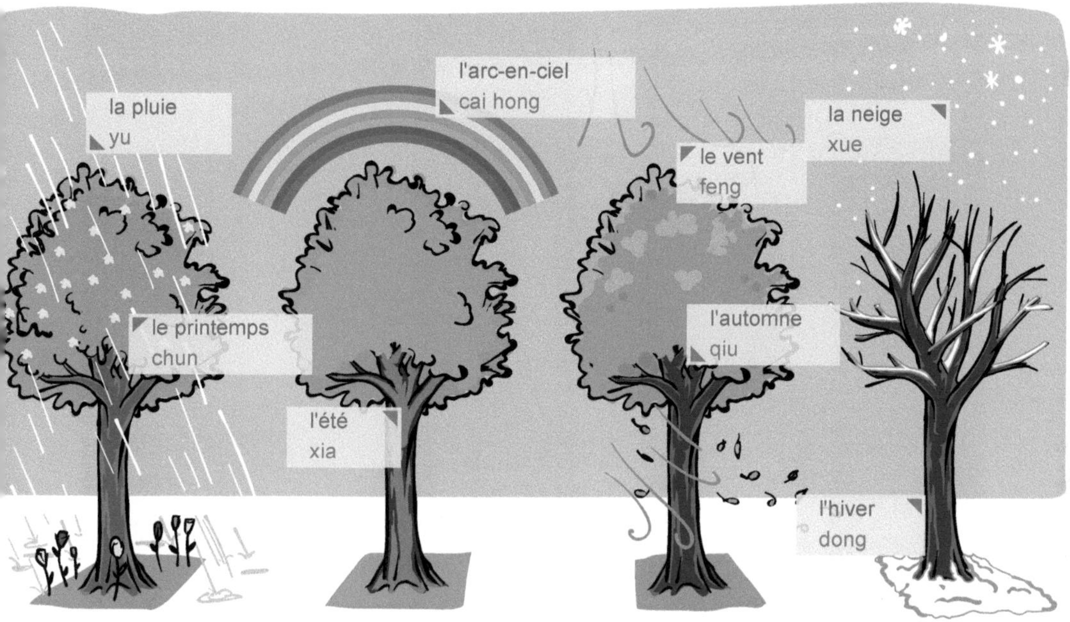

la pluie
yu
l'arc-en-ciel
cai hong
la neige
xue
le vent
feng
le printemps
chun
l'automne
qiu
l'été
xia
l'hiver
dong

4.APRIL 11°
5.APRIL 4°
6.APRIL 13°
7.APRIL 8°
8.APRIL 10°

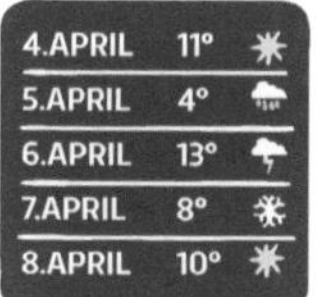

la météo

tian qi yu bao

F
C
120
90
60
30
0
-30
40
30
20
10
0
-10
-20

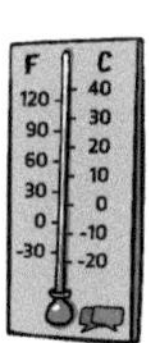

le thermomètre

wen du ji

la lumière du soleil

yang guang

le nuage

yun

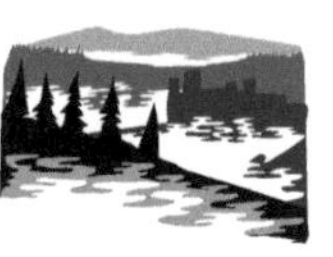

le brouillard

wu

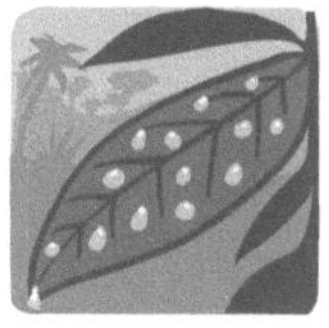

l'humidité

chao shi

la foudre

shan dian

la tonnerre

da lei

la tempête

feng bao

la grêle

bing bao

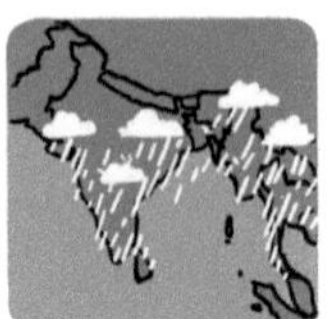

la mousson

ji feng

l'inondation

hong shui

la glace

bing

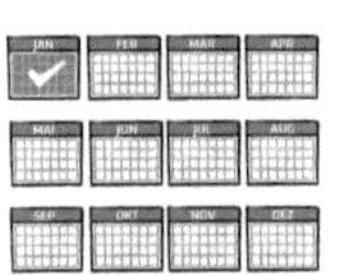

janvier

yi yue

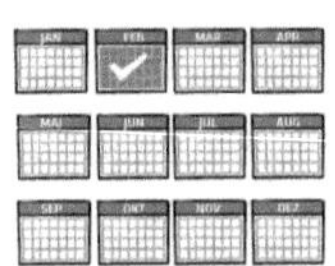

février

er yue

mars

san yue

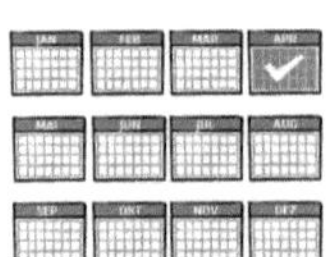

avril

si yue

mai

wu yue

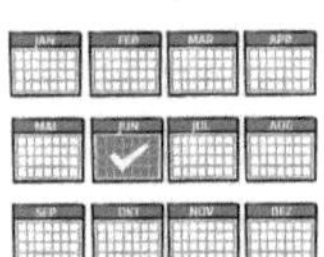

juin

liu yue

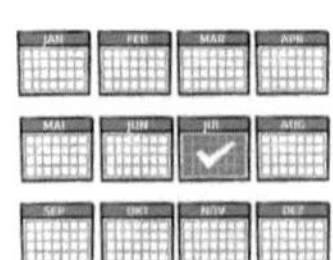

juillet

qi yue

août

ba yue

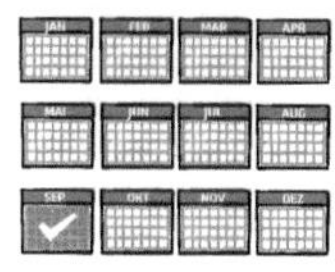

septembre

jiu yue

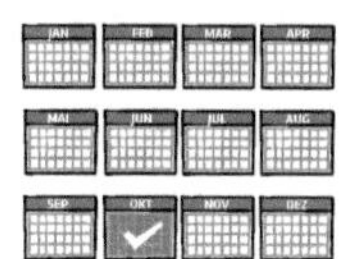

octobre

shi yue

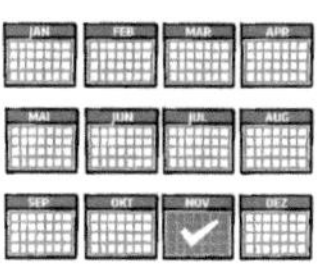

novembre

shi yi yue

décembre

shi er yue

les formes
xing zhuang

le cercle

yuan xing

le carré

zheng fang xing

le rectangle

chang fang xing

le triangle

san jiao xing

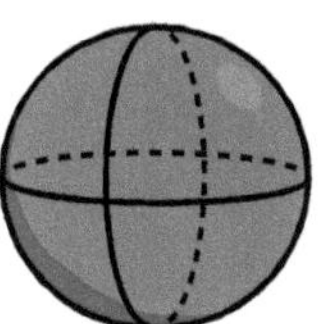

la sphère

qiu ti

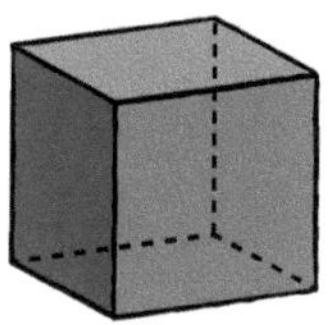

le cube

li fang ti

les couleurs

yan se

blanc

bai

jaune

huang

orange

cheng

rose

fen

rouge

hong

violet

zi

bleu

lan

vert

lü

marron

zong

gris

hui

noir

hei

les oppositions
fan yi ci

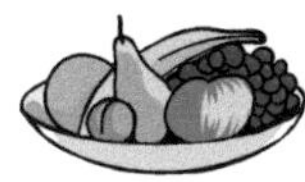

beaucoup / peu

hen duo/shao xu

fâché / calme

sheng qi/ping jing

joli / laid

mei/chou

le début / la fin

shou/wei

grand / petit

da/xiao

clair / obscure

ming/an

frère / soeur

xiong di/jie mei

propre / sale

gan jing/ang zang

complet / incomplet

wan zheng/que shi

le jour / la nuit

bai tian/wan shang

mort / vivant

si/sheng

large / étroit

kuan/zhai

comestible / incomestible

ke shi yong/fei shi yong

méchant / gentil

xie e/shan liang

excité / ennuyé

xing fen/wu liao

gros / mince

pang/shou

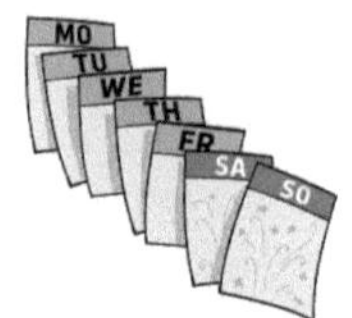

le premier / le dernier

di yi/zui hou

l'ami / l'ennemi

peng you/di ren

plein / vide

man/kong

dur / souple

ying/ruan

lourd / léger

zhong/qing

faim / soif

e/ke

malade / sain

sheng bing/jian kang

illégal / légal

fei fa/he fa

intelligent / stupide

cong ming/yu ben

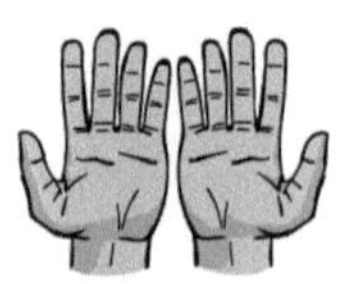

gauche / droite

zuo/you

proche / loin

jin/yuan

nouveau / usé

xin/jiu

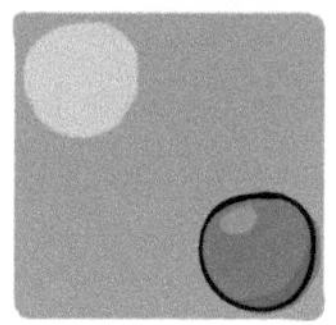

rien / quelque chose

mei you/you xie

vieux / jeune

lao/you

marche / arrêt

kai/guan

ouvert / fermé

da kai/he shang

faible / fort

an jing/chao nao

riche / pauvre

fu/qiong

correct / incorrect

dui/cuo

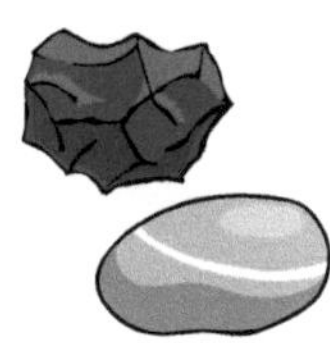

rugueux / lisse

cu cao/guang hua

triste / heureux

shang xin/gao xing

court / long

duan/chang

lent / rapide

man/kuai

mouillé / sec

shi/gan

chaud / froid

wen nuan/liang shuang

la guerre / la paix

zhan zheng/he ping

les nombres

shu zi

0	1	2
zéro	un / une	deux
ling	yi	er
3	**4**	**5**
trois	quatre	cinq
san	si	wu
6	**7**	**8**
six	sept	huit
liu	qi	ba
9	**10**	**11**
neuf	dix	onze
jiu	shi	shi yi

12	13	14
douze	treize	quatorze
shi er	shi san	shi si
15	**16**	**17**
quinze	seize	dix-sept
shi wu	shi liu	shi qi
18	**19**	**20**
dix-huit	dix-neuf	vingt
shi ba	shi jiu	er shi
100	**1.000**	**1.000.000**
cent	mille	le million
bai	qian	bai wan

les langues

yu yan

l'anglais

ying yu

l'anglais américain

mei shi ying yu

le chinois mandarin

pu tong hua

le hindi

yin di yu

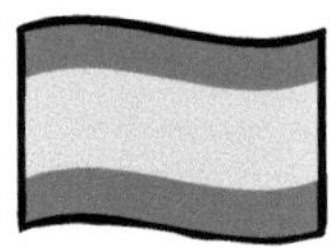

l'espagnol

xi ban ya yu

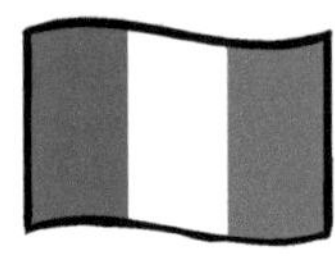

le français

fa yu

l'arabe

a la bo yu

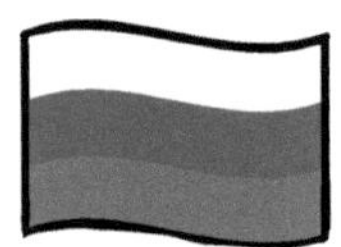

le russe

e yu

le portugais

pu tao ya yu

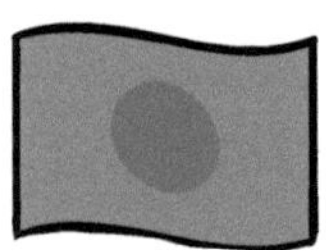

le bengali

feng jia la yu

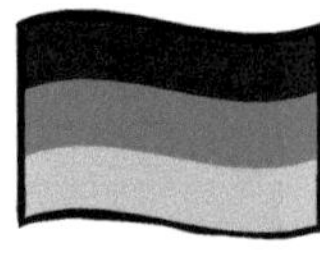

l'allemand

de yu

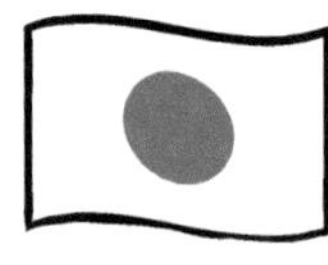

le japonais

ri yu

je

wo

tu

ni

il / elle / ce, c', cela

ta/ta/ta

nous

wo men

vous

ni men

ils / elles

ta men

Qui ?

shei?

Quoi ?

shen me?

Comment ?

zen yang?

Où ?

na li?

Quand ?

shen me shi hou?

le nom

ming zi

où

fang wei

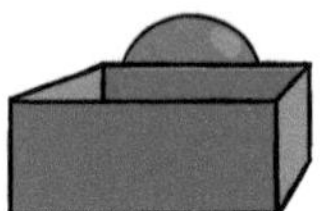

derrière

hou mian

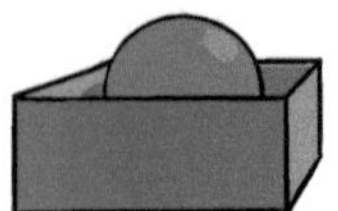

dans

li mian

devant

qian mian

au-dessus

shang fang

sur

shang mian

en-dessous

xia mian

à côté de

pang bian

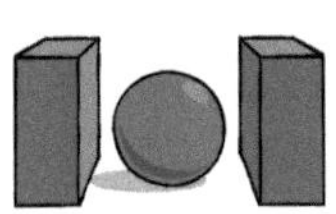

entre

zhong jian

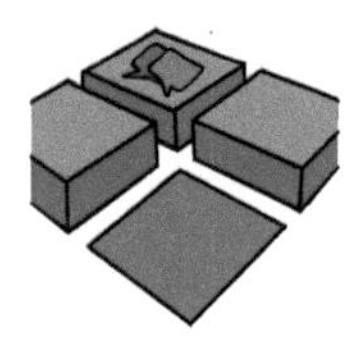

le lieu

di dian